「夢のリスト」で思いどおりの未来をつくる!

Brian Tracy
ブライアン・トレーシー
門田美鈴 訳

夢リスト その1
○○までに
○○をやり遂げる
○○年後には
○○になっている
○○には○○を
○○にしておく

ダイヤモンド社

「夢のリスト」で思いどおりの未来をつくる!

◎はじめに◎　自分の未来は自分でつくれる

「自分ができることをすべてやったとしたら、本当に驚くことになるだろう」
トーマス・エジソン

昔、はるか遠くの国のこと。丘の上に住んでいる老人がいた。彼は生涯、ひたすら勉学と瞑想に打ち込んできた。その知性と感性と知恵は広く知れわたり、政治家や商人、高官が彼のもとを訪れ、教えを請うた。返答はいつも正しかった。すぐさま物事の核心をつかむ能力をそなえているようだった。言われたとおりにすれば、間違いなかった。まもなく彼の名声は国中に広まった。

丘のふもとの村に、遊び仲間の少年たちがいた。彼らはときどき丘の上の老人のところにやってきて相談事をもちかけたが、いつでも正解が示された。やがて、それはちょっとしたゲームになった。何とかして老人が答えられないような問題をひねり出そうとしたのだ。しかし、うまくいったためしはなかった。

ある日、リーダーの少年、アラムはみんなを集めて言った。「やっとジイさんをへこませてやれそうだぞ。この手の中に鳥がいる。ジイさんのところに行って、この鳥が生きているか死んでいるか尋ねるんだ。『死んでいる』と言ったら、鳥を放して見せる。『生きている』と言ったら、手の中で押しつぶして死んでいるのを見せてやる。どっちにしても、ジイさんは間違っていたことになる」

それはいいと少年たちは丘へ急いだ。老人は勢い込んでやってきた彼らを迎えた。アラムは言った。「ぼくの手の中に鳥がいます。この鳥は生きているでしょうか、それとも死んでいるでしょうか?」

少年たちのいたずらっぽい、期待に満ちた顔を見て、老人は静かに言った。「アラム、それは『きみ』しだいだよ」

自分の運命は自分しだいである

この話のポイントは、自分に起こることはほぼすべてが自分しだいだということである。自分の将来は、自分自身と自分の選択と決断によってほぼ決まる。日々、何をし、何をしそこなったかで決まるのだ。

　私が二一歳だった、ある寒い冬の日のことだ。アパートの狭い部屋に座って、私は将来のことを考えあぐんでいた。高校を中退し、工事現場で働いていたが、その週は無一文で、給料日まで外出することもできなかった。そのときふいに気づいたのだ。将来は自分しだいなのだと。ほかの誰でもない、自分がどうにかしなければならないのだ。

　高名なマネジメントの指導者、ピーター・ドラッカーも書いている。「未来を予言する最良の方法は、それをつくり出すことである」。誰でも、幸せで、健康で、人に好かれ、繁栄したいと思っているが、できるかぎりのものを手に入れる唯一の方法は、「自分で未来をつくり出す」ことである。ありがたいことに、いまや夢を実現するチャンスはあふれている。

　世の中には、基本的に「積極的な人」と「消極的な人」がいる。革新的な人はわずか一〇パーセントで、彼らは危険を恐れず、先に立って行動し、変化を引き起こす。そして、自分がやったことの結果を受け入れる。あなたも自分で未来をつくり出したいなら、そうならなければならない。

　大多数の人は人生に対して受け身で、幸運を待ちのぞんでいるだけだ。宝クジを買い、テレビの前に座り込んだままで、何もいいことはないとグチをこぼす。成功者をうらやむくせに、自分では努力しようとしない。それはバスの走っていない通りでバスを待っているようなものだ。

貴重な人生を無駄にしてはいけない

幸運を待っているだけでは何も起こらない。貴重な人生を無駄にしてはいけない。自分で自分の未来をつくり出し、望みどおりの運命にしなければならない。

私はあの狭いアパートでそれに気づいてから数年で、世界の八〇を超す国々を仕事で飛び回るようになった。二二ほどのビジネスを起こし、成功させてきたし、コンサルタントとして五〇〇社を超す企業の仕事をし、セミナーなどで二〇〇万人以上の人々を指導してきた。本書では、私が見いだした「自分の望みどおりの未来」をつくり出す方法をお教えしたい。

私はセミナーでよくこう尋ねる。「みなさんの中で、収入を二倍にしたいと思っている人は？」すぐさま全員が手をあげる。

そこで、こうつづける。「誰でも収入を二倍にすることができるんです、『いずれは』。物価の上昇につれて、つまり年に三パーセントほどずつ収入が上がれば、黙っていても二〇年から二五年たてば二倍になります。だけど、もちろん、そんなに時間をかけないで二倍にするにはどうすればいいかが問題なんですよね」

きっとあなたも、もっと早く成果を出したいはずだ。よろしい。どうやってあなたの人生のアクセルを踏めばいいか、そしてどうすれば思っていた以上に早く目標を達成することができるかをお教えしよう。誰にでも役立つ、実際的で確かな方法と、きわめて強力なテクニックを。

原則 1

Success Is Predictable
It is our duty as men and women to proceed
as though the limits to our abilities do not exist.
Pierre Teilhard de Chardin

成功者と同じようにふるまえ

私たちは男も女も、
能力に限界はないものとして前進しなければならない
ピエール・テイヤール・ド・シャルダン

国税局によると、アメリカには億万長者が五〇〇万人おり、その大半は独力で富を手に入れた人々である。一〇億単位の資産をもつ富豪も三〇〇人おり、大半が初めは無一文だった人たちだ。そのうえ、毎年、一〇万人の億万長者が誕生しており、ほぼ五分に一人の割で生まれていることになる。この人たちはみな、単に運がいいだけなのか？

チャンスと運は別物である

私は三〇代のとき、ある一流大学で管理職向けのＭＢＡ（経営学修士）のコースをとり、四〇〇時間以上を費やして、ビジネスの勝敗を左右する因果関係について学んだ。それが初めて確率論に接したときで、そのとき学んだことは私の考え方に大きな影響を与え、運についての多くの疑問にも答えてくれた。

そこで学んだのは、「どんな出来事も、一定の状況のもとで起こる可能性がある」ということである。可能性が高まれば、予測できる見込みが劇的に高まる。例えばコインを投げた場合は、表が出る可能性も裏が出る可能性も五〇パーセントである。何千回投げようと、可能性は半々だ。そのため、結果予測の見込みはどこまでいっても変わらない。

どんな分野でも、成功したいと願い、明確なプランをつくり日々こなしていけば、成功する可能性は高い。さらに、たえず勉強して自分の分野に必要な知識と技能を高めれば、もっと成功の可能性は高まる。そして、それ相応の人々と手を組み、自己管理と時間管理をきちんとおこない、チャンスを素早くつかみ、障害にもくじけなければ、幸運がつかめるだろう。

そこで、自分の未来をつくるカギはこうである。「どんな望みであれ達成の『可能性を高める』ためにできることはすべてせよ」ということだ。ごくささいなことが成否を分けることもありうるのだから。

私のセミナーの参加者で、ロシア移民のイヴァン・ストリゴルスキが先ごろ話してくれたことがある。ソビエト連邦の崩壊後、彼はアメリカに渡ることを夢見るようになった。数年間、何度も試みて、やっとビザと航空券を手に入れた。ニューヨークに着いたときに持っていたのは、持ち物すべてを詰め込んだダンボール箱だけ。英語は一言も話せなかった。

それでも、なんとか多くのロシア移民がいる「リトル・ロシア」に住みついた。最初の年は、ロシア人の経営するピザ店の配達の仕事しかなかった。

だが、イヴァンには大きな利点があった。アメリカはチャンスの国であり、チャンスをつかむのは自分しだいだと悟ったのだ。誰も何もしてはくれない。自分で運をつくり出さなければならない。

イヴァンはまた、アメリカで成功するカギは英語が自在に話せることだと気づいた。英語をマスターするため彼が聴きはじめたのが、セールスと人事管理についての私のオーディオ・プログラムだった。それからほかのテープも聴くようになった。そうやって英語を習得すると同時に成功の基本的な原則をも学んだ。

一年もすると、ある印刷会社のセールスの仕事を得ることができた。翌年には印刷の周旋会社を起こした。三年目には、会社の年商は二〇〇万ドル、個人収入は四〇万ドルにまでなった。

さまざまな不利な条件や障害をもちながらも素晴らしい人生を築いている人々が大勢いる。周囲の人々はしばしば彼らの成功を幸運のためだと言う。だが、そういう人々と話し、現在にまでいたった経緯を聞けば、彼らが自分で幸運をつくり出してきたことがわかるだろう。あなただってそうできるのだ。

人生をコントロールすれば、誰でも幸せになれる

簡単に言うと、成功し、幸福で、健康で、繁栄している人々は、自分の人生をコントロールする原則を見つけ、その原則にそって生きることができるように人生を設計した人々である。

ポーカーでは、「勝者は笑い、冗談を飛ばし、敗者は『黙って、カードを配れ！』と言う」そ

うだ。私たちの周りでも、勝者は多忙で、目標の達成をめざして積極的に働き、一方で平均的な人々はあまり仕事や貢献をせず幸運を求める。勝者は常に自分の成功を勤勉と努力によるものだとし、凡人は自分の失敗を不運のせいにする。

「原因と結果の法則」は、別の見方をすれば作用と反作用の法則ということができる。これを最初に提起したニュートンによれば、「どのような作用にも、同等で逆の反作用がある」。言い換えれば、行動は結果をともなう、ということだ。

これは重要である。どんなプロジェクトでも最初にあなたは自分の行動を決める。何をするか決める。だが、行動を起こしてみると、思いどおりの結果にならないことが多い。ひとたび何かを言ったりしたりすると、結果はそれ自体の力や効力をもつ。だからこそ、成功する人々は自分の言動がどんな結果をもたらすかについて凡人よりも思慮深いのだ。成功しない人々は自分の言動の結果を考えず、不注意ですらある。

人々が幸運と呼ぶものをいっそう享受するカギは、望ましい結果をもたらす可能性がより高い行動をとることである。同時に、望ましい結果をもたらさない行動は避けなければならない。

あなたがセールスに従事しているなら、日々たゆまず探し求め、提示し、追い求め、働いて、先導者や紹介者をつくり出せば、いずれはセールスはうまくいき、収入は増え、自尊心がもて、充足感が得られるだろう。こうした行動を起こせば起こすほど、喜ばしい結果が得られるだろう。成功はほとんどがあなたしだいなのだ。

未来をつくるために、いますぐできること

1. 自分にとって幸福とは何かということをはっきりさせよう。あなたにとってほかのことより楽しいことや状態とは、どんなものだろうか？
2. あなたの分野でトップにいる人々の一人のところに行き、もっとうまくいくようにするためのアドバイスを求めよう。
3. これまでの人生でもっとも幸運だった出来事について、自分のどんな行動がそれに結びついたのか思い出してみよう。
4. 自分の望みとそれをもっともうまく実現することにはどんな因果関係があるか、はっきりさせよう。どうすればいいのか？
5. 目標に到達する可能性が高くなるような行動をいますぐ起こそう！

原則

2

Your Potential Is Unlimited
If one advances confidently in the direction of his dreams and endeavors to live the life he has imagined,he will meet with success unexpected in common hours.
Henry David Thoreau

望むことだけを考えろ

もし人が、
みずからの夢の方向に自信をもって進み、
頭に思い描いたとおりの人生を
生きようと努めるならば、
ふだんは予想もしなかったほどの
成功をおさめることができる

ヘンリー・デヴィッド・ソロー

昔、二つの会社の靴のセールスマンが二人、靴の市場調査のためにアフリカのある国に派遣された。一人目のセールスマンはその任務がいやで、できれば行きたくなかった。二人目のセールスマンはその仕事を命じられて喜び、昇進の一大チャンスと考えた。

二人はアフリカの国に着き、靴の需要を調査した。それから本社に電報を打った。派遣をいやがった一人目のセールスマンの電文は、「出張は無駄だった。この国に靴の需要はない。誰も靴を履いていない」

この任務をまたとないチャンスだと思い、うまく利用できると信じた二人目のセールスマンは、次のように打電した。「素晴らしい旅だった。取引の機会は無限にある。誰も靴を履いていない」

「できない」と信じた瞬間に、自分の限界ができる

あなたの最大の限界は、外側にはない。内面の、あなた自身の思考のなかにある。あなた自身の思い込みのなかにある。それがあなたの可能性にブレーキをかけ、自分を低く評価させ、実際の能力よりはるかに少ないもので満足させているのだ。

多くの人は望みのものを手に入れられるほど利口でも、独創的でも、有能でもないと思っている。しかし、実際はそんな思い込みの大半は根拠がない。あなたが達成できることには限界はな

い。自分自身が思い込んでいる限界以外には。ヘンリー・フォードが言ったように、「自分にできると信じるにしても、できないと信じるにしても、いずれにせよおそらくあなたは正しい」のである。

ここが重要な点だ。つまり、何かを強く願うなら、必ずそれを達成する能力を同時にもっているのだ。願望をもつこと自体が、それをかなえるのに必要なあらゆるものをもっている証拠なのである。ただ、その願望をいかにしてかなえるかを見つけ出せばいいのだ。目標を達成する確率を高め、平均成功率を向上させるためにできるあらゆることを突き止めることだ。

毎朝「素晴らしいことが起こる」と言えば、必ずそうなる

例えば、「今日はきっと素晴らしいことが起こる！」。心が確信に満ちた期待でいっぱいになるまで、この言葉を繰り返そう。一日の終わりに、ちょっとその日を振り返ってみるといい。心がこの確信に満ちた期待のパワーであふれているときには、大小さまざまな素晴らしいことが起こったことに気づいて、驚くはずだ。

成功哲学の第一人者、ナポレオン・ヒルは、アメリカの長者番付の上位五〇〇人についての研

究で、彼ら全員に共通する特徴はこのポジティブな期待の態度だと結論した。彼らは障害や挫折にぶつかるたびに、それと同じくらいかそれ以上に大きな利点を探そうとした。そして、必ず見つけた。あなたも同じようにすべきだ。

新しい仕事やビジネスを始めるときは、自信をもって成功を期待すべきである。人々はあなたの製品を買ったりサービスを利用したりする、そして銀行は必要な資金を融資してくれるに違いないと考えよう。あなたの夢の実現に手を貸してくれる最高の人々を引き寄せられると、期待するのだ。この期待に満ちた態度が、一日中、輝く光のように行く手を照らし、あなたが出会うすべての人々に影響を及ぼす。

挫折や困難な問題にぶつかったときは、貴重な教訓だとみなし、できるだけ多くを学ぼうとしよう。失敗するかもしれないなどと考えてはいけない。偏見のない、柔軟な心をもとう。新しいことを試し、うまくいかなくなった旧式なやり方は捨てる覚悟をしよう。決してあきらめないと、決意しよう。

自信をもってポジティブになればなるほど、素晴らしい成功を運命づけられていると信じられるようになる。周囲にさらに強力な引力をもつ力の場が生まれ、より多くの人々とチャンスを吸い寄せるのだ。

運がいい人は、自分の望みを常に人に語っている

例えば、「私は一年に五万ドル稼ぐ！　私は一年に五万ドル稼ぐ！　私は一年に五万ドル稼ぐ！」というアファメーションを繰り返すと、潜在意識の奥深くにこの指令がプログラミングされる。そして、それ自体が力をもちはじめる。まもなく、目標の実現に助けとなるようなさまざまな事態が、あなたの内部でも周囲でも生じるようになる。

運がいいと言われる人たちは、自分の望みやそれを手に入れるための方策について常日ごろから自信をもって語っているはずだ。人は自分が考えているものになるのと同様、常に言っていればそれが現実になるということを彼らは知っているのだ。

あなたが人生で経験することは、心のなかにつくり出すものと心理的に等価のものである。だから、外面の生活で楽しみたいと思うことと等価値のものを内面に生み出すことが必要になる。成功や健康、幸福、繁栄などを現実のものにするには、心のなかにそれをつくり出さなければならない。そして、自分の心を完全にコントロールするのだ。

この心理的に等価値のものの創造は、いつでも始めることができる。あなたの人生と運命を決

定するのは、過去の考えでも未来の考えでもない。いまこの瞬間にあなたが考えていることなのだ。過去の過ちや未来の不確実さに束縛されはしない。この瞬間に考えを自由に選べるのだから、あなたの可能性は無限であり、この瞬間に考えることが今後の人生を決定するのだ。

未来をつくるために、いますぐできること

1. あなたの人生で心から望むことだけを考え、語ることにしようと、今日、決心しよう。あなたが望むことは何だろう?
2. 自分自身に限界を与えている思い込みを厳密に調べよう。あなたの足を引っ張っている否定的な考えを突き止め、それらが真実ではないと考えよう。
3. いつでも最良のことを期待しよう。すべてに素晴らしい成功が保証されていると想定して行動しよう。
4. 今日のあなたの最大の問題と心配のタネをはっきりさせよう。あなたが向上し、より強くなるために、そこから何が学び取れるだろうか?
5. 「私は目標を達成することができる」と自分に繰り返し言い聞かせることで、心に成功をプログラミングしよう。

6. 周囲からの暗示的な影響をコントロールしよう。ポジティブな本やオーディオ、人々、会話によって、心にたえず養分を与えよう。

7. あらゆる経験のなかに、自分にプラスになり、助けになることを見つけよう。それは常に見つかるはずだ。

原則 3

Clarity Is Critical

The greatest thing that a man can do in this world is to make the most possible out of the stuff that has been given him. This is success and there is no other.

Orison Swett Marden

「夢のリスト」をつくれ!

この世で人間ができるもっとも偉大なことは、
自分に与えられたものを最大限利用することである。
これが成功であり、それ以外にはない

オリソン・スウェット・マーデン

素晴らしい人生と人格を築くためには、三つから五つの核となる価値基準が必要だ。それがはっきりしたら、それらの重要性を見きわめる。どれが一番重要か？　二番目は？　三番目は？

本当の価値観は、どうすればわかるだろう？　答えは簡単だ。価値観は常に行動に表れる。ことにプレッシャーのもとでどんな行動をとるかを見れば、その人が本当に信じているものが明らかになる。「私にとって、もっとも大切なものは家族だ」と言う人がいれば、その人は選択を迫られたとき家族を選ぶということだ。健康が何より重要だと言う人は、自分自身と自分が心にかけている人の健康と無事を守ろうとする。

しかし、覚えておいてほしい。重要なのは、あなたが何を言い、何を願い、望み、あるいは将来何をするつもりかではない。重要なのは、いま何をするかだけだ。行動によって、あなたの本当の姿があなた自身にも周囲の人々に明らかになる。これは個人的な人間関係だけでなくビジネス面や政治面にも言えることだ。

ステップ1　自分のビジョンをつくる

価値基準がはっきりしたら、次は自分のビジョンを作成することだ。それは未来の生活の理想図である。あなた自身のため、家族のため、あなたのキャリア、ビジネスのための理想のビジョンを描いてみるのだ。説得力のある、胸躍るようなビジョンを作成することは、あなた自身の未来を創造するためのきわめて重要な一歩である。

一つの課題として、例えば、手取りで一〇〇〇万ドルの現金を手に入れたと想像してみよう。あなたは、どうするだろうか？　完璧な人生をどのように設計するだろうか？　完璧な人生がどんなものかがはっきりしさえすれば、その理想の未来の生活が約束されると想定しよう。そのビジョンに導かれながら、日々何ができるかを考えることだ。

ステップ2　自分へのミッションを書き出す

理想的な未来のビジョンがはっきりしたら、自分のミッション・ステートメント、すなわち使命宣言を書き出そう。ミッションはビジョンとは違う。ビジョンは未来の理想像で、ミッションは自分がなりたいと思う人物像の具体的な宣言である。

このミッション・ステートメントは、一生を通じて他人に対する態度の道しるべになる。あなたの価値基準を行動で表すものだ。例えば、あなたの価値基準の一つが正直であることなら、正直に関するあなたのミッションは次のようになるだろう。「私はどんな犠牲を払っても、あらゆる状況で自分自身と他人に対して完全に正直である。私は常に約束を守り、どんなときにも絶対的に信頼されるに足る人間である」

また、仕事上のミッション・ステートメントも必要である。ビジネスとキャリアのためのミッション・ステートメントは、個人的なミッション・ステートメントと調和しつつも、より具体的であるべきだ。測定可能、達成可能なもので、軍事任務のように遂行し成就できるものでなければならない。

あなたのビジネス・ミッションは、次のようなものかもしれない。「私は業界で上位一割に入る傑出したプロのセールスパーソンである。すべての顧客に対して、質量ともに最高のサービス、信頼性、誠実さをもって接し、その結果、私は自分の事業分野で年間五万ドル以上を稼ぐ」

このミッション・ステートメントは、あなたが到達したい収入のレベル、そのレベルに到達するためにどんな仕事をしようとしているか、そして、目標を達成したことをどのように測定するかを明確にしている。第三者が客観的にあなたの行動と成果を見て、あなたがミッションの実現にどれだけ近づいているかがわかるのだ。

ステップ3　自分の夢のリストをつくる

これは楽しい課題である。紙を一枚とって、あなたの夢のリストを作成するのだ。心を自由に解き放とう。何の制約もないと考えよう。時間も、お金も、資源も、知性も、教育も、経験も、人脈も、思うまま手にしていると想定しよう。何でもでき、何にでもなれ、何でももてると。そして、望みをすべて書き出すのだ。

何が可能かを考える前に、何を本当に望んでいるかをはっきりさせるのだ。あれも無理これも無理と、さまざまな理由を考えて、自分に限界を設けるようなことはしてはいけない。可能かどうかは考えず、ただ夢見るのだ。

ステップ4　目標のリストをつくる

夢のリストができたら、もう一枚紙をとり、一番上に今日の日付を入れる。それから、今後一年でなしとげたい目標を少なくとも一〇項目あげる。これは目標達成課題のなかでもきわめて強力なものである。簡単なうえに効果的、しかも紙一枚とペンと数分あればいい。

成人の九七パーセントの方は、書面にした目標をもたない。この一〇項目の目標リストがつくれたら、あなたはいまの時代を生きて働く人々の上位三パーセントに入れる。目標を紙に書き出すだけで、エリートの仲間入りができるのだ。

おもしろいことに、このリストをどこかにしまい込んでしまっていても、あなたの人生はすっかり変わる。一年後、その紙を開いてみると、一〇項目のうち八つが達成されているのに気づくはずだ。

それぞれの目標達成の陰には、思わぬ幸運な発見や同時発生的な驚くべき出来事があることもわかるだろう。予想も計画もしなかったような、互いに関連した素晴らしい偶然の一致が見つかるだろう。要するに、いま想像もつかない形で一〇の目標のうち八つを達成することになるのだ。

これまで私は世界中の何万という人々にこの課題を与えてきた。そして、うまくいかなかったと言いに来た人は一人もいない。実際、多くの人たちが、この課題を実践してから人生が一変したと言ってきた。ときには、わずか一カ月で変わったという。あなたがすでに成功していればなおのこと、この一〇の目標をリストにするとますます早く大きな成果が得られるだろう。

ステップ5　リストのなかで一番メリットのあるものを選ぶ

一〇項目の目標リストができたら、それをよく検討し、自問しよう。「このリストのなかで、どの目標が私の人生に一番よい結果をもたらすだろうか？」

それがはっきりしたら、その目標を別の一枚の用紙の一番上に書き記す。その目標こそが、比較的近い将来の主要な目的になる。それが時間の大半を使ってあなたが考え、取り組む目標になるのだ。

目的が明確であれば、よりうまく活動の優先順位を決めることができ、よりよい決断ができ、目標達成の助けとなることをより多く行うことができる。もっとも重要な目標を主要な目的として定めることで、あなたはこの社会の大人たちの上位一パーセントの仲間入りができるのだ。

ステップ6　目標達成のためのプランをつくる

その一つ選んだ目標の下に、それを達成するためにあなたができそうな、思いつく限りの行動を書き出そう。

これは重要な課題だ。目標達成の助けとなる行動が多様であるほど、いろいろなことが明快に見えてくる。目標の達成をいっそう確信するだろう。そして、自信が深まり、決意が固くなるだろう。取り組むべき活動のリストができれば、まず一歩を踏みだし、前進しつづけたいという思いがいっそう強くなるだろう。

目標達成のプランを細かく立てるほど、それだけ容易に達成できる。プランを書き表すことで、それが潜在意識の奥深くに植えつけられる。しだいに達成可能だと信じられるようになる。そして、それを助けてくれるアイデアや人々、資源を引き寄せ始めるのだ。

ステップ7　プランにもとづいて動きだす

活動のリストができあがったら、すぐにもその活動にとりかかろう。行動をとると、進歩が目に見えてくる。それによって、さらなる行動をとる気になる。そのうち、さまざまな共時性の例を経験するようになる。あなたは自分の人生をますます掌握している気になるだろう。

目標を紙に書き、計画を立て、それに向かって活動を始めることによって、脳が活性化される。そして、目標達成の助けになる周囲の人々やさまざまな可能性にもっと気づくようになる。ますますエネルギーと集中力が身についてくる。いっそう明晰でポジティブになる。こうして、あなたは自分の将来をつくり出しはじめるのだ。

勝者と敗者には基本的な違いがある。敗者は、一〇項目の目標を書いて日々それに取り組むというこの課題のことを耳にすると、こう質問する。「うまくいかなければ、どうなるのか？」

これはまずい質問だ。勝者のほうはこう尋ねる。「うまくいくと、どうなるのか？」

たとえうまくいかなくても、あなたが使ったのは一枚の紙と数分の時間だけだ。実際は、確かに作用する。しかも、想像できないほど早く作用する。試しにやって、自分の目で確かめるといい。

一年分の目標をたった二四時間で達成！

ある土曜の朝、アリゾナ州フェニックスで開かれた私のセミナーに、一人の財務顧問が出席した。彼はその日の午後、テキサスのヒューストンに飛行機で帰っていった。次の木曜日には、セミナーの後で起こったことを詳しく知らせてきた。

彼は以前から目標についての話を聞いていたが、それを紙に書き出す気にはなれなかった。だが、私の勧めを聞いて、帰りの機中で一〇項目の目標を書き出してみた。そして、二四時間もたたない日曜の夜には、一年分の一〇個の目標のうち五個をすでに達成していた。しかも、それらは金銭面と家庭面の両方の目標だった。

そこで彼は大急ぎでさらに五個、目標を書き足した。四日後の、私のオフィスに電話をくれた木曜の夕方には、新しい一〇目標リストのうち、またも五つがすでに達成されていた。

彼は手紙に書いてきた。「目標をはっきりと書き出したおかげで、丸一年かかると思っていたより多くのことが六日間で達成できました。まったく驚くばかりです！」

似たような手紙を私はいっぱい受け取っている。セミナーでも、必ず誰かが近づいてきて、同じような体験談を聞かせてくれる。

新しい大きな目標を立て、それに向かって進みはじめても、なかなかはかどらないことが多い。気持ちがくじけ、あきらめたくなるかもしれない。目標が大きいほど、ますます遠く思われる。いくらかでも前進したように見えるまでには、長い間、取り組まなければならないかもしれない。しかし、それが目標達成プロセスの肝心の部分なのだ。

「八〇対二〇の法則」を知っている方も多いと思うが、ここで思い出してほしい。つまり、目標に向かって努力している時間の最初の八〇パーセントで、全行程のおよそ二〇パーセントしか進まないだろう。しかし、あきらめずに頑張り通せば、最後の二〇パーセントの時間で、目標までの残りの八〇パーセントをなしとげることができるのだ。

大きな目標に向かって何カ月も、もしかしたら何年間も頑張っても、ごくわずかな前進しか見えてこないことも多い。そうなると、往々にしてやる気を失い、あきらめてしまう。だが、実は必要な土台をすべてつくり終え、いまにも飛び立てるところまで来ているのだ。ゴールに向かってまさに加速しはじめるところなのだ。

より早く成功できる秘密のカード

より早く目標に到達することができる効果的な手法がもう一つある。紙幣よりひとまわり小さいくらいのインデックス・カードに、目標を一つずつ書く。それぞれの目標を肯定的な宣言の形で書くのだ。これは、言ってみればあなた自身の人生のアクセルを踏むようなものである。

例えば、「私の体重は七〇・八キロだ」「私は一年に五万ドル稼ぐ」「私はスペイン語を非常に流ちょうに話す」など。目標は太字で書き、そのカードをいつも持ち歩く。

毎日、朝起きたときと夜の就寝前に、そのカードを繰り返し読もう。目標を読みながら、すでに達成されているかのように、それをありありと思い描き、想像しよう。できるだけ鮮やかに、はっきりと目に浮かべるのだ。

未来をつくるために、いますぐできること

1. あなたが成功した例を思い出して再検討し、そのときの思いがけない幸運な発見と共時性に注目しよう。どうすればそれを再び生じさせられるだろうか？
2. 理想的な未来とライフスタイルについてのビジョンをはっきりさせよう。あなたにとって完璧な人生とはどんなものだろうか？

3. あなたの夢のリストを書き出そう。この世のあらゆる時間やお金、能力が手に入ると想定して、あなたが本当にほしいものは何だろう？

4. 今後、一、二年のうちに達成したいと思う目標一〇項目のリストをつくろう。それらをすでになしとげているかのように、現在時制で書こう。

5. あなたの人生にもっとも大きなポジティブな影響を与える目標が何なのか、一つ選ぶ。それをあなたの主要な目的にして、たえずそれについて考えよう。

6. あなたの主要な目標を達成するためのプランを、方策と優先順位と同時に期限と予備の期限もつけて作成しよう。

7. 目標に向け、すぐに行動を起こそう。目標に近づけるようなことを毎日何かやろう。決してあきらめないと決心しよう！

原則

4

Knowledge Is Power

Blessed is the man who finds wisdom,the man who gains understanding,for she is more profitable than silver and yields better returns than gold.She is more precious than rubies;nothing you desire can compare with her.

Bible,Proverb3:13-15

読書で知識を蓄えろ

知恵を見出した人や、分別をもつ人は幸いである。
彼がそれを得たことは、
銀を手に入れるよりも値打があり、
その収入は純金よりも高価である。
知恵は真珠よりも尊く、
あなたの望む何ものもそれとは比べられぬ

旧約聖書　箴言三：一三～一五

（講談社刊「聖書」より　訳：フェデリコ・バルバロ）

前にも述べたように、私はほとんど有利な点をもたずに人生をスタートした。しかし、強みが一つあった。読書である。少年のころから本が大好きで、大人になると読書と学問に熱中した。のちに知ったのは、ゼロからスタートして出世したアメリカのほとんどの成功者は、意欲的な勉学と自己開発によってそれをなしとげていることだ。

知識は力なりと言うが、実際には応用される知識のみが力なのだ。有用なものを生み出すのに使える知識だけが、今日の経済活動において力となる。目標がはっきりしていれば、その達成に必要な知識を見きわめることができる。学ぶべきものを学び、その知識を使えば、目標の達成はほぼ確実だ。

知力だけで世界一の億万長者になった男

先だって、私はシリコンバレーからほど近いカリフォルニア州パロアルトの実業家グループとディナーをともにした。隣に座っていた中国人の紳士は、一五年前、奨学金を得て台湾からやってきて、スタンフォード大学で工学を学び、卒業後もアメリカにとどまった。現在の仕事を尋ねると、エレクトロニクス関係のビジネスだと言った。

私はテレビやステレオなど家電製品を売る、利ざやの薄い商売を思い浮かべた。景気はどうかと聞くと、かなりうまくいっているが将来はもっと伸びるだろうと言った。儀礼的に、事業規模はどの程度か聞いてみた。すると、売上高がようやく一〇億ドルの大台に乗ったところで、従業員は二〇〇〇人を超えるという。「エレクトロニクス関係のビジネス」と言っていたのは、コンピュータ部品とマザーボードのことで、アメリカ内外の大手コンピュータ・メーカーのほとんどに納品していることがわかった。

彼はやはり台湾出身のパートナーと二人で会社を一〇〇パーセント所有していた。一五年前にアメリカにやってきて、教育を受け、スキルを磨きつづけて、起業し、知力と忍耐で一〇億ドルの会社を築き上げたのだ。

ただのらくらと暮らして、何もせずに幸運を待っている人があまりにも多い。幸運はひとりでに舞い込んではこない。幸運は自分でつくらなければならない。チャンスに十分備え、フットボールのファンブルのように、それがやってきたらひったくってゴールラインまでひた走るのだ。ナポレオン・ボナパルトも言っている。「チャンス？　チャンスとは何なのか？　私が私自身のチャンスをつくり出すのだ！」

著名な能力開発研究家、アール・ナイチンゲールも言っている。「あなたにチャンスがめぐってきても、それに対する備えができていなければ、あなたはどう見てもただの愚か者だ」

しかるべき代償を払い、準備を怠らなければ、あなたは必ず準備しただけの知識とスキルを生かせるチャンスを引き寄せるだろう。

高給取りは一日二時間本を読む

知識を広げるカギは読書だ。読書家が必ずしも指導者とは限らないだろうが、指導者はみな読書家である。どのくらい読めばいいのか? 調査によると、もっとも高給取りのアメリカ人は、一日に平均二、三時間読んでいる。最低賃金の人たちは、まったく読まない。

ロバートは学生時代をのらくら過ごし、ものを読まないまま高校を卒業した。彼の就ける仕事は、溝掘りや植木、床の清掃といった最低賃金の肉体労働しかなかった。良家の出で、居住環境もよいのに、先の知れた仕事にしかありつけなかった。やはりものを読まないままに高校を卒業した友達も、みな似たり寄ったりだった。

彼は一年半ほど挫折感を味わいながら働いていたが、とうとう私のもとにアドバイスを求めにやってきた。ものを読むことが苦手だという彼に、私はコミュニティー・カレッジで読み方を学ぶよう勧めた。そうしなければ永久に低賃金の労働から抜け出せないだろうと。私のアドバイスに従うのは気が進まなかったものの、肉体労働者として働きつづけるのは彼にはなおさら嫌なことだった。

ついにコミュニティー・カレッジに入り、二年間、夜間に通った。そして、読み方に習熟し、その新しく得たスキルのおかげで、テクニカル・スクール（専門学校）に入学して生物医用電子工学の課程を取った。

彼の人生は一変した。卒業するとすぐに、病院と診療所に医療器械を売る大手の医療機器会社に雇われた。五年とたたないうちに、年収は五万ドルを超えた。やがて家庭をもち、新車とすてきな生活を手に入れた。

成功する人はこの本を読んでいる

読んだほうがいいのは、それぞれの分野で活躍している人によって書かれたものだ。その道のエキスパート、熟練した技をもつ達人の手になる本である。一方、大学教授や経営コンサルタントの著書には手を出さないほうがいい。彼らには、特定の分野で何年にもわたって働きつづけてやっと得られる、奥深い理解が欠けている。

エキスパートによって書かれた本は貴重である。二〇年がかりで習得し、何年かかけて本にした、実用的で実績あるアイデアを知ることができる。本の代金を払うだけで、一生の経験と多額

本から何を得られるか、それを人生や仕事にどう活用できるかを考えるということだ。

読書の第三段階は内容閲覧である。ノンフィクションなら、一番興味深い章から始めるといい。読み進めたくなければ中止する。優れた本でも、いまのあなたとあなたの生活に直接関連があるのは一、二章だけかもしれない。実際、情報があなたにすぐに役立たないとすれば、いずれにしろ忘れてしまうはずだから初めから読む必要はない。

内容を読みながら、できる限り書き込みをしよう。重要な文と句に下線を引こう。感嘆符や星印、引用符などを駆使しよう。カギとなるアイデアを丸で囲もう。

ＯＰＩＲメソッドの最終段階は復習である。あなたがどれほど頭がよくても、記憶にしっかりとどめるには、キーポイントを三、四回は読み返さなければならない。しかし、適切な書き込みをしておけば、ほんの一時間で素早くぱらぱらめくりながら、本全体のエッセンスを手に入れることができる。

雑誌を読む時間を節約せよ

雑誌を読む時間を節約するには、「破り読み」をするといい。やり方はこうだ。まず、雑誌の目次を見る。自分にとって重要と思われる記事に注目し、それを破り取る。雑誌の残りの部分は捨ててしまう。破り取った記事をファイルに収め、ファイルはブリーフケースにしまう。そして、少し時間があるときにその「破り読みファイル」を引っ張り出して、赤ペンか蛍光マーカーを手に、記事に目を通す。

読書には二種類ある。維持のための読書と成長のための読書だ。維持のための読書は、その分野の最新情報を与えてくれる新刊の雑誌と出版物を読むこと。成長のための読書は、あなたの分野の知識を増やしてくれる書物を読むこと。つまり、あなたのレベルを維持するより成長させてくれるものである。

講座やセミナーに出席せよ

セミナーや講座にはできる限り参加しよう。経験を積んだオーソリティーやその道の達人の講座に通おう。実際に現場で専門の仕事をしている人たちが教える講座を取ろう。

講座は、自分に関連があり、すぐに、もっとも役に立つものを選ぶこと。新しい情報は、早く活用できるほど長く使える財産になる。

競争の激しい状況で優位に立つために必要なのは、一つのよいアイデアだけだ。競争のせいで、今日開かれている講座やセミナーには、素晴らしいアイデアが満載されている。通常、非常に熟練したプロが、多くの価値ある情報を短期間に詰め込んで、教えてくれる。

魚がいるところで釣りをせよ

見本市や展示会、とりわけあなたの分野に特有の催しや関係のある催しに出かける習慣をつけよう。私は何年にもわたって多くの年次総会や同業組合会議で講演をしているが、業界の最高の給与を得ている一流の人たちは決まって集会に顔を出している。また、展示会も見て回っている。そして、大会中に行われる重要なセッションでは、常に最前列を占めている。あなたもトップグループの仲間入りをしたいなら、同じようにすることだ。

人生の変化や改善は、新しいアイデアに出会うことから生じる。自分にとって意味のあるアイデアや考え方にタイミングよく出くわす可能性を高めるようにしなければならない。新しい情報やアイデアが活発にやりとりされる場に、努めて身を置き、運を味方につけることだ。

未来をつくるために、いますぐできること

1. 自分の分野で成功するのに欠かせない、きわめて重要な知識を見きわめよう。どうすればそういう知識を増やせるだろうか?

2. 仕事上、強みになるものを手に入れるためにできることを、具体的にはっきりさせよう。生産力と収益性にとって、もっとも重要なのは何か？　どうすればそれらを改善できるだろうか？

3. 時代遅れにならず、他に先んずるための読書計画を立てよう。毎日のスケジュールのなかに、知識を向上させるための時間を設けよう。

4. 最新情報に通じるために受講できるセミナーや講座を調べよう。毎年、三つか四つのセミナーに出席しよう。

5. 速読コースを受講し、一分間に一〇〇〇語かそれ以上を読み、覚えられるようになるまで、練習を積もう。

6. 上司や、その分野でもっとも成功している人たちのところに行って、何を読み、何を聞き、どんな講座に出席すればいいかアドバイスをもらおう。そのアドバイスに従ったうえで、さらに何かよいものを推薦してもらおう。

7. あなたの車を移動教室にしよう。貴重な時間を無駄にせず、車を走らせながらプラスになるオーディオ・プログラムを聴こう。決して学ぶのをやめてはならない。

原則 5

Mastery Is Magical
The man who comes up with a means for doing or producing anything better, faster or more economically has his future and his fortune at his fingertips.
John Paul Getty

苦手なスキルを強化せよ

何ごとであれ、
よりよく、より早く、より経済的にことを為し、
あるいは生み出す方法を見つけ出す者は、
自分の将来と運命を思いのままにできる

ジョン・ポール・ゲッティ

あなたが自分の分野で秀でるためには、たえず自分の業績を分析・評価し、それを向上させる方法を探さなければならないし、頂点に行き着くためにマスターすべきスキルの個々の要素を突き止めなければならない。絶え間なく、果てしない向上（continuous and never ending improvement：ＣＡＮＥＩ）を続けなければならないのだ。

重大な点は、あなたのスキルのうちもっとも苦手なものによって、他のスキルをどの程度活用できるかが決まるということだ。そして、そのもっとも苦手なスキルが収入や昇進の早さ、キャリアにおける将来性を決めることになる。

一例をあげよう。あなたが予測以外の販売のあらゆる面に秀でていたとしても、予測が苦手であれば、その弱点によってあなたの販売力と収入が決まる。もし取引の成約が苦手であれば、その他のスキルに秀でていても、その弱点によって販売力と稼ぎ高が決まるだろう。

あなたが管理職であり、代理人の任命が苦手であれば、その弱点によって昇進は妨げられる。際立った成功は望めない。仕事のあらゆる面に優れていても、ただ一つの弱点が足を引っ張り、ことあるごとに失敗の原因となるだろう。

あなたがすべきことは、どんなにつらくても自分の弱点を正直に認めることだ。もっとも弱いことというのは、あまりやりたがらないことである場合が多い。できるだけ避けようとし、ますますそれに弱くなる。

そのうち、あなたは業績が上がらないことについて、あれこれ理由づけや弁明をしはじめる。そして、市場や製品、サービス、管理、広告、ライバルを非難するようになる。

もしも成長したいなら、建設的な批評には喜んで耳を貸さなければならない。たいていの人に死角があり、自分の弱点に気づかない。弱点を指摘されると相手と議論になることもある。どうしても自己弁護し、言い訳をしようとするのだ。

あなたの分野で誰にも引けを取りたくないなら、仕事ぶりをたえず改善するために他人からの建設的な意見をもらうべきである。大事なのは、自我やプライドを守ることではなく、他に抜きんでることなのだ。虚栄心や自尊心が傷つくのを恐れて学ばなければならないことを学びそこねてはならない。

自分にしかできない仕事をする

よい課題がある。あなたが従業員としてなすべきだと思うことをすべて書き出す。そして、そのリストを上司に見せ、優先順位に従って整理してもらうのだ。あなたがなすべきもっとも重要な仕事は何か、上司に尋ねよう。二番目に重要なのは何か？　三番目は？

それから、そのリストを業務計画として利用しよう。上司と討議を重ねながら、たえずそれを更新しよう。もっとも大事な仕事に、毎日取り組もう。

あなた自身が上司あるいは企業家か事業主であれば、もっとも会社のためになり、しかもあなたにしかできない仕事に取り組むために、精進することがさらに重要になる。何をすれば会社に最大の効果をもたらすだろう？

私は成長するにつれ、自分を卑下し、大きな劣等感をもつようになった。自分にうまくできることがあるとは思えなかった。何かに優れた人を見ると素晴らしいと思い、それに引き換え自分は未熟で劣っていると感じた。彼らは私にはない知性やスキル、能力に恵まれているのだと思った。

しかしある日、突然ひらめいた。誰でも何かに秀でることができるはずだと思ったのだ。それは旅路であり、目的地ではないと気づいた。一夜にして秀でることができるわけがない。それは長く、歩みの遅いプロセスなのだ。仕事で傑出するには、生まれつきの才能や能力より、心のもち方、ひたむきさがものを言うのである。

日本人は一九五〇年代、六〇年代に、いわゆる「改善すること」によって、戦争で疲弊した経済状態を一変させた。「改善」とは、「たゆまずよいものに改めること」である。業績と成果をさらに高めることができる方法が常にあるということだ。そして、たえず改善を積み重ねれば、並はずれて高い効率と品質が実現できるのだ。

毎日「成功に近づいている」と断言しつづける

一九一〇年、スイスの医師、エミール・クエは、ジュネーブの彼のクリニックで、患者にある言葉を繰り返すよう指導してめざましい治療効果をあげた。「一日ごとに私は快方に向かっている」。こう自分に断言しつづけることで、病人が驚異的に回復したのだ。精神身体医学と呼ばれるようになったこの手法の信じがたい成果を研究しようと、まもなく世界中から医者や研究者がやってくるようになった。

あなたも同じことをすべきである。さらに向上する方法を、毎日探すべきだ。何かしら仕事を改善できるようなアイデアを探そう。

もしも仕事をより早く、よりよく、より安くなしとげられるようなアイデアを一日に一つずつ見つけて活用できたらどうなるか、想像してほしい。毎年、アイデアは二五〇にのぼる。たとえささやかなアイデアであっても、一年間、毎日わずかずつ改善が積み重なればそのインパクトは計り知れない。生産力と生産高が二倍、三倍になるはずだ。

新聞や政治家はしじゅう金持ちたちを話題にし、彼らが平均よりはるかに多く稼いでいるのは実に運がよいと言う。しかし、金持ちだから高給が得られるわけではない。生産力が高いから高給が得られるのだ。並の人に比べて、より多く、よりよい成果をあげるから、より多く稼げるのだ。

あなたも仕事に熟達し、仕事をたくさんこなすようになれば、高い給与を手にすることができる。その成功は決断と決意の結果であり、偶然ではない。幸運は偶然とは何ら関係ない。

目標を設定し、プランを作成し、すぐに取りかかれ

マスターすべき重要なスキルがはっきりしたら、それを目標として書きとめ、目標達成のためのプランを作成し、スケジュールを組み、活動を開始しよう。その後、どれほど時間がかかろうと、ひたすら取り組むことだ。忍耐強くやろう。ローマは一日にしてならず、である。くじけずに一歩一歩進みつづければ、いつかはあなたの分野で、もっとも有能でもっとも高給取りの一人になるはずだ。

未来をつくるために、いますぐできること

1. あなたの分野の成功に必要な、カギとなるスキルをはっきりさせよう。もっとも役立つスキルを一つ選び、その領域で秀でるためのプランをつくろう。
2. 会社と上司のためにできるもっとも貴重なサービスをはっきりさせ、毎日それに集中しよう。
3. あなたのビジネスの内外の主要な顧客は誰かをはっきりさせ、彼らにとってより価値ある者になるためのプランをつくろう。
4. あなたのビジネスで上位一割の成績優秀者に入るぞと決心し、カギとなる成果領域で卓越するためのプランをつくろう。
5. 五年後、自分の分野をリードするためにはどんなスキルが必要か、はっきりさせよう。それらのスキルを身につけるプランをつくり、すぐに取りかかろう。
6. 自分自身を見つめ、過去の経験を吟味しよう。例えば、あなたが本当にやりたいのは何なのか、それを軸にキャリアをどのように組み立てたらよいか？
7. あなたの値打ちを高め、会社にとってより価値ある貢献をするためには何ができる

かを、上司に聞きにいこう。どんな答えをもらおうと、すぐに行動を起こそう。

原則 6

Attitude Is Everything
The greatest revolution of my generation is the discovery that by changing the inner attitude of your mind, you can change the outer aspects of your life.
William James

人に好かれると、成功に近づく

私の世代の最大の革命は、
心の内的態度を変えることによって
人生の外面を変えられる、という発見である
ウィリアム・ジェームズ

素晴らしい人生を確実に手に入れるには、一緒に仕事をする人たちから好感をもたれ、高く評価されることが大事である。そうすれば、チャンスは増え、着実な昇進が待っている。昇給し、ますます大きな責任をもたされる。心的態度がポジティブな人には、上司や部下、同輩たちも成功を願い、力になろうとするだろう。

ポジティブな態度の人は、ネガティブな人が一〇年、二〇年とかかるかもしれないところを二、三年でより以上の進歩をとげることができる。私たちはみな、感じのよい人たち、一緒にいると気分のよい人たちからものを買いたいと思い、一緒に仕事をしたいと思う。そして、私たちの言動は自分の意のままにできるのである。言動をコントロールし、自分の言うことなすことが自分にプラスになるようにしよう。

自分が好きな人は、他人にも好かれる

あなたの自尊心は、あなたの人格へのカギである。自分自身についてどう感じているかによって、何よりも他人に対するインパクトが決まる。自尊心とは、自分自身がどれだけ好きかということだ。自分自身を好きで尊敬すればするほど、他人を好きになり、尊敬するようになるし、他人もあなたを好きになり、尊敬するようになる。

自分が好きになる七つのポイント

①怒り、非難、羨望、憤慨、自己憐憫といったネガティブな感情にとらわれないために、自分の人生、現在の自分と将来の自分のすべてに対する責任を引き受けようと決意すること。言い訳をしたり、他人を非難したりしない。現在の自分はこれまでの自身の選択と決断によるのだから。

②自分を受動的ではなく、能動的なものとみなし、自分の人生を引き受けること。何かが起こるのを期待しながら待つのではなく、自分で事を生じさせるのだ。人生のどこかに満足できないなら、すぐに行動を起こしてそれに対処しよう。

③人生のそれぞれカギとなる領域での明確な目標を書き出す。それらを達成するための行動計画を立て、毎日、それに取り組む。前向きの積極的な気持をもつ。つまらないいらだちや、自分ではどうすることもできない状況について、くよくよする暇などない。

④知識とスキルが経済的な不安を取り除くカギである。学べば学ぶほど、その知識を活用する機会は増え、稼ぎは増す。毎日、さらなる向上をめざして努力することだ。

⑤成功するには自分の分野での熟達が不可欠である。卓越した業績があらゆる扉を開き、

あなたの真価にふさわしい報酬をもたらす。
⑥個人的および職業上の成長のプランを立て、本を読み、オーディオ・プログラムを聴き、講義やセミナーに出席し、知識とスキルを磨くこと。目標達成に必要な、カギとなるスキルを磨けば、いっそう自信がもてる。
⑦もっとも重要なのは、人はその人が常日ごろ思っている人間になるということだ。だから、自分が望むことをたえず思い、望まないことは考えないようにすべきである。

「自分が好きだ！」と何度も繰り返せ

よりポジティブで能率的な人間になるために、一日中、活用できる強力なメンタル・プログラミング・テクニックがある。

テクニックの一つ目は、自分を肯定する言葉、すなわちアファメーションを定期的に使って、潜在意識にプログラミングし、一日中、楽観的で陽気でいられるようにすることだ。感情のゆうに九五パーセントは、セルフ・トーク、つまり瞬間、瞬間に自分自身にどう話しかけるかによって決まる。

自尊心と自信を育むための最良のアファメーションは、「私は、自分が好きだ！　私は自分が好きだ！　私は自分が好きだ！」である。これを何度も繰り返す。

最初はこう言うのは少しばかり落ち着かないかもしれない。後ろめたく感じられるかもしれない。それはきわめて正常なことだ。しかし、「私は自分が好きだ！」と言いつづければ、やがて潜在意識がその言葉を新しい作業命令として受け入れる。あなたは自尊心の高い人のように感じ、考え、行動しはじめる。自分を好きになればなるほど、他人をもますます好きになれる。そして、よりポジティブな人間になる。他人を好きになればなるほど、他人もあなたを好きになり、あなたに協力しようとする。すべてはあなた自身の自尊心から始まる。

もう一つ強力なアファメーションがある。「私は最高だ！　私は最高だ！　私は最高だ！」。これを何度も繰り返す。自分自身のことや仕事のことを考えるたびに、自分は最高であり、ますます向上していると自分に言い聞かせよう。ここでもまた、最初はそう言うのにためらいを覚えるかもしれないが、しばらくするとなじんでくる。そして、それが真実になりはじめるのだ。

アファメーションは大いに活用することだ。毎朝、「私は幸せだ。私は体調がよい。私は素晴らしい気分だ！」と言って一日を始めよう。人から調子はどうかと聞かれたら、いつも「上々！」とか「絶好調！」と返事をしよう。

そのときの自分の状態ではなく、そうありたいと望んでいるように話すのだ。そのときはポジティブでも乗り気でもなくても、そうであるふりをすること。ふりをしているうちに、本当にそうなるものなのだ。

人生の改善は、心に描くイメージの改善から始まる。不幸せな人に、常日ごろ何を考えているのかを聞くと、たいていさまざまな不都合な問題や請求書、ネガティブな人間関係について考えているのがわかる。

一方、成功している幸せな人たちはたいてい自分がなりたいものやしたいこと、手に入れたいものについて考え、話している。それらを得るための具体的な活動について考え、話しているのだ。そして、目標が実現したときの様子や、夢がかなったときの状況のわくわくするようなイメージをたえず思い浮かべている。

スキルを身につけるカギは、人生の重要な領域で自分が自信をもって行動しているのを繰り返し思い描くことだ。心に描くイメージは、いわば視覚的なアファメーションである。大いに活用すべきである。

視覚化とアファメーションの力を強化するには、あなたがいつの日か自分のものにしたいと思っている家や車、衣服、アクセサリー、休暇旅行、家具などの写真が載っている雑誌を買うのもいい。その写真を切り抜き、自宅やオフィスのいたるところに貼り、たえずそれらのことを考え、想像しよう。

妻と私は自分たちの夢の家のことを話題にしはじめたとき、すてきな家の記事が載っている雑誌を見つかる限り買って読んだ。週末になると、高級住宅街で売りに出されている家々を見て回った。私たちは好みと照らし合わせながら、あたりをくまなく歩いた。遠くまで散歩に出かけ、日ごろから私たちの理想の家がどんなものなのかを話し合い、その特徴をもれなくリストにした。そして、それは功を奏した。三年たたないうちに私たちはマンションから一戸建ての借家に引っ越した。その後、家を購入したが、結局、もう一軒あらゆる点で申し分のない家を買った。その家は、私たちの理想の家の特徴としてあげたリストの四二項目中、四一項目を満たしていた。心につくりあげていたイメージそのものだったのだ。

相手の気をよくすれば、相手もお返しをしてくれる

相手の気をよくさせるようなことをしたり言ったりすれば、相手もお返しとしてあなたの気をよくさせようとする。

人が何よりも望んでいるのは、自分を重要な人間だと感じることだ。人は尊重され、高く評価

されたいと思っている。だから、あらゆる交流の機会をとらえてそれを与えることが大事である。あなたが、人から好かれたい、尊敬されたい、ちゃんとした扱いを受けたいと思うように、あなたが会う人も同じように望んでいる。あなたが得意になれるようなことを人から言ってもらいたいなら、相手が得意になるような快い言葉を言う機会をできる限り探し出すことだ。

あなたがもっとも好ましく思う相手は、一緒にいるときあなたを最高に気分よくさせてくれる人である。だから、好ましく思われたければ相手を気分よくさせることだ。いつも相手の気分をよくするようなことを探そう。これがよい人間関係へのカギである。

人とのつき合いでは、常にポジティブな人間でいるようにしよう。批判や非難をせず、グチを言わないこと。ほめ言葉が見つからなければ、何も言わないことだ。

成功者と同じ格好をする

外見は、重要な成功の要素である。あなたのイメージが重要なビジネス関係の成否を決することもある。人は相手を第一印象で分類し、判断し、重要な人物かどうかを決めようとする。そのプロセスは、無意識に行われ、それに気づきさえしない。初めて会った人に対して即座に判断を下し、その第一印象が相手への考えや感情に大きな影響を及ぼす。研究によれば、最初の四秒で第一印象が決まるという。

成功者たちは通常、外見がよい。彼らは第一印象を、成り行き任せにはしない。外見に細心の注意を払う。他の成功者たちを綿密に研究し、その服装を手本にする。

「類は友を呼ぶ」という。あなたが出世し、私生活のレベルも上がっていくと、一般にレベルが高くなるほど身なりもよくなることに気づく。成功者は込み合った部屋でも向こう側にいる他の成功者を見分けられる。

人は自分とよく似た人とつき合うのがもっとも気楽なのだ。有力者たちに気持ちよくつき合ってもらいたいなら、あなたも彼らと同じような服装をし、同じようにふるまわなければならない。人から重視されたいなら、重視される人のように見えなければならない。

あなたの人柄と態度は、すべての幸運の要素のうちでもっとも強力なものである。それが優秀な仕事ぶりと結びつくと、周囲の人たちはあなたのキャリアアップを助けようという気にさせられる。あなたがポジティブであればあるほど、ますます多くの人が関わりをもち、取引をしたがるようになるだろう。

未来をつくるために、いますぐできること

1. 何が起ころうと、ポジティブな心の態度を身につけ、維持することを決心しよう。
2. たえず自分をポジティブで、自信にあふれ、快活で、誰からも好かれる好ましい人間として思い描こう。
3. 相手を重要な人間だと感じさせること。一緒に働く人々に、機会あるごとに称賛や励まし、感謝の言葉をかけよう。
4. 社内でもっとも人気があり、説得力をもち、影響力のある人間であるかのようにふるまおう。実際にそうなるまで、ふりをしつづけるのだ。
5. 前途洋々たる成功者らしい服装をしよう。人は視覚に頼りやすく、外見であなたを判断する。
6. 完全に解決志向型の人間になろう。問題があるときはいつも、誰の責任かよりも解決のために何ができるかという観点で話を始めること。
7. チームプレーヤーになろう。同僚がいっそうの貢献ができるよう手助けする方法を常に探そう。

原則

7

Relationships Are Essential

The best portion of a good man's life,——
His little nameless,unremembered acts of kindness and of love.
William Wordsworth

人のためになることをせよ

よき人の人生の最良の部分は……
その人の、世に知られない、
忘れられた親切と愛のささやかな行為である

ウィリアム・ワーズワース

人を助けると、人が助けてくれる

大きな目標を達成したければ、多くの人の積極的な関与と協力が必要になる。よい人間関係をより多くもち、助けてくれる人をより多く知っていればいるほど、いっそう頻繁に、適切な扉が開かれるだろう。

私のある友人は、きわめて競争の激しい市場で事業を発展させていた。事業の拡大にさらにお金が必要になった彼は、ビジネス・プランを携えて地元の銀行を回ったが、どこもそのビジネスはうまくいきそうもないからと断られた。

しかし、彼は楽天的だった。ずっと遠くの銀行にも足を延ばし、ついに一五〇キロ以上離れたところに彼のビジネス・プランを気に入り、お金を貸してくれる銀行家を見つけた。現在、彼はアメリカでも指折りの富豪で、大成功した起業家である。

お金の貸し手を探すのをあきらめようと思ったことはないか、と彼に聞いてみた。彼は答えた。

「まったくない！　相当数の人に話せばいずれお金は手に入るとわかっていた。私の要求をきちんとわかってくれる、これぞという銀行家を見つけるために必要とあれば、たとえオフィスから八〇〇キロ離れた銀行にでも訪ねていく気でいた」

例えば、友人を増やしたいとする。簡単なことだ。相手にとってよい友になることをひたすら心がければいい。相手に興味をもち、相手の話に耳を傾けよう。親身になろう。話の聞き役になるだけでもいい、力になれる方法を探そう。よい友になるよう心がければ、それだけ友だちが増えるだろう。

ある成功した実業家は、出会った人たちに毎週、一〇通の電報を打つのを習慣にしていた。電文は一言「おめでとう！」だった。

何年間かで彼は、自分に好意と敬意を寄せてくれる人々の幅広いネットワークを築き上げた。みんな自分がなしとげた業績をなぜか彼が知って電報で祝いを言ってくることに、常々驚いていた。

後になって、あれほど多くの友人の業績をどうやって知ったのか尋ねられて、彼は実は詳しいことは知らなかったんだと答えた。ただ、誰もが毎日、毎週、何かしらなしとげているのを知っていただけだった。それで、「おめでとう！」というメッセージを送れば、相手はそのときにうまくいっていることを指していると思ったのだ。

あなたも、友人知人の業績や身なり、最近の決断、ほんの一、二キロやせたことでもいいから、ほめたたえる点を探そう。

人間関係において、あなたが提供できるものすべてのリストをつくろう。あなたにはどんな長所があるか？　これまで育んできた特徴と資質は？

自分に足りないこともリストアップしよう。あなたは自分が望むほど人間ができていないのではないか？　ときどき短気を起こしたり、怒りっぽくなったり、わがままになりはしないか？　それらをすべてを書き出し、自分を磨く決心をしよう。

心すべきは、真のあなた自身とあまりにもかけ離れた人物を人生に引き入れることはできないということである。優れた人を引き寄せたいなら、あなた自身が優れた人間にならなければならない。

まともな人とつき合え

人生におけるきわめて重要な決定として、つき合う人の選択がある。まともな人と交際しよう。勝者とつき合い、ネガティブな人は避けること。たえず不平や非難、あら探しをする人は避けよう。そういう人とつき合うと、憂鬱になり、やる気がなくなってしまうだろう。

友だちと仲間は慎重に選ばなければならない。バロン・ド・ロスチャイルドが言ったように、「無益な知り合いはつくるな」である。仕事仲間と社交の仲間の選択には、徹底して利己的になることだ。ハーバード大学でデーヴィッド・マクレラン博士が行った業績調査で、二五年後に出た結論によれば、「レファレンス・グループ（準拠集団）」のメンバーは人生におけるどの選択物よりも成功と幸福に大きな影響を与える。

レファレンス・グループは、普段から共感し、交際する人たちのことだ。あなたが鷲と一緒に飛べば、鷲のように考え、感じるだろう。七面鳥（愚か者）と交われば、そのように考え、歩き、しゃべり、行動するだろう。周囲にいる人たちが、あなたの人格や意見、目標、あなたがなしとげるすべてに並々ならぬ影響を及ぼすのだ。

成功者はしばしば単独行動を好むと言われる。それは彼らが孤独だという意味ではない。友人はたくさんいるが、たまたまその場に居合わせた人の誰とでも連れだってランチに出かけたりしないのだ。人とのつき合いにうるさく、一緒にいて楽しい人、つき合って利益を得られる人とだけ時間をともにすることにこだわる。あなたもそうすべきである。

私が実践したネットワークづくり

数年前、私は財界に関わりをもって何らかの貢献をしようと、商業会議所に加入した。当時、会議所が携わっていた主要な問題としてビジネス・政府・教育に関するものがあった。そこで、私は政府と連携していたビジネス・教育委員会のために進んでことに当たった。

私は委員会のための調査やレポートづくりに多くの時間を注いだ。いろいろな会議にも出席した。州の教育のために財界がもっと積極的な役割を果たすことができそうな種々の戦略と方策も提案した。半年もたたないうちに、私は委員会の副会長に推され、ビジネス・教育分野の重要な責務をすべて任された。

委員会の会長は、経済界の長老の実業家だった。彼は非常な有力者で、いたるところで政財界のさまざまな団体とつながっていた。私は彼の下で働き、その指導と指示に従った。彼は会議所のビジネスと教育の諸活動に関する意見やアドバイスをしてくれる有力な実業家たちを紹介してくれるようになった。

半年後、会議所の年次総会が有名なリゾート地で開催された。数百人の代表者が出席し、その一人ひとりが大企業の最高幹部だった。私は、講演者の予定表の準備と年次総会の司会を頼まれた。このときも二つ返事で引き受けた。

会議のあと、政財界関連委員会の中枢部のグループに加わるよう誘われた。翌年には、企業経営層と政府高官のグループの会議をいくつか開催し、議長を務めた。これらの会議のなかには新聞に取り上げられたものもあり、私のコメントとそれに応じる政治家の説明が掲載された。私が住んでいる市の一流の実業家がその記事に注目し、私はそれまでの二倍の給料とストックオプションつきの条件で引き抜かれた。

まもなく、私は州内でもっとも著名で尊敬される青年実業家の一人になっていた。大物政治家や一流の実業家、民間団体や公的組織のトップたちと、ファーストネームで呼び合う仲になった。また、慈善団体、ユーナイテッドウェイの毎年恒例の募金活動で中心的役割を果たすよう誘われた。これによってさらに多くの実業界の大物たちの注目を浴びるところとなり、ますます人脈が広がった。二年たたないうちに、私の収入は再び倍増した。

私の話は決して特別なものではない。同じような経験をしている人たちは数え切れないほどいる。しかし、それはあなたしだいだ。引きこもらず、地域社会の活動に関わるのは、あなた次第なのだ。社交的組織やビジネス上の組織、慈善団体などを通して地域社会に尽くす機会はいくらでもある。あなたが受け手としてではなく、与え手として取り組むなら、人脈は無限に広がるだろう。

あなたにとって知り合いになる価値があると思われる人に初めて会うときには、古い格言を思い出そう。「質問をする人が主導権を握る」のだ。相手を感心させようとするより、質問をして相手の言葉に感心することだ。

ビジネスパーソンはかなりの時間、自分の売り上げと収入のことを考えている。それに、人は自分の仕事のことを話したがるものだ。次のような質問をしておけば間違いない。「近ごろ、おたくの景気はどうですか?」

もっとよい質問はこれだ。「取引先や見込み客におたくを薦めるには、おたくのビジネスについて何を頭に入れておいたらいいでしょうか?」

取引先や顧客の紹介ほど互いの絆を速やかに結ぶものはない。あなたが手助けをすれば、相手も快く一役買ってくれるだろう。

プラスになる知り合いが多いほど、タイミングよく、おあつらえ向きの人と知り合い、チャンスを利用できる可能性が高まる。扉はたえずあなたのために開かれるだろう。

未来をつくるために、いますぐできること

1. あなたの業界や地域社会や国の重要人物で、知り合えば役立ちそうな人すべてのリストをつくろう。直接会うとか、手紙を出すとか、いずれにしろ彼らとコミュニケーションをとる方法を探そう。
2. 人のために何かできることや、その人の組織に役立つことを探そう。それは必ず報われる。
3. 魚がいるところで釣りをすべきだ。知り合いたいと思うような人々が頻繁に顔を出す業界団体や協会に加入しよう。
4. 「与える側」になろう。機会あるごとに、みずから進んで手を貸そう。見返りを期待せずに、献身的に尽くす習慣を身につけよう。
5. 上司を慎重に選ぼう。あなたの上に立つ人は、あなたのキャリアと満足度に重大な影響を及ぼしかねない。
6. たえずネットワークづくりに努めよう。出会う人々に、あなたのビジネスに注目してもらう方法を探そう。彼らに手紙を書き、書物や記事の切り抜き、あなたの仕事

のサンプルなどを送ろう。接触を維持しよう。

7. あらゆる人間関係において、相互主義の原理を生かそう。人のために役立つことをし、人があなたのために何かをしてくれたらそれに報いること。

原則

8

Money Matters

More gold has been mined from the things of men than eber been taken from the earth.

Napoleon Hill

収入の一割を貯蓄せよ

これまで人類の思想から採掘された金は、
地中から採掘されたものをしのぐ

ナポレオン・ヒル

人生の重要な目標の一つは経済的に自立することだ。十分なお金は、将来の自由や幸福、チャンス、存分の自己表現を楽しむために不可欠である。

私が高校教育も受けず、車のなかや地面で寝たり、最低賃金の肉体労働をしたりしていた若いころ、自分をみじめに思うことがたびたびあった。私より順調そうな人たちをうらやみ、彼らのような幸運に恵まれていたらよかったのにと思っていた。「富める者はますます富み、貧しい者はますます貧しくなる」という言葉にまんまとだまされていた。良家の出ではなく、十分な教育もなく、たいして金儲けのチャンスが開かれていない人間にはあまり希望はないのだと、私は信じ込んでいた。

しかし、ものを考える能力、新しいアイデアとイノベーションを生み出す能力こそ、本当の富である。どれほど金持ちになれるかに限界を設けるのは、その人自身の想像力と、それをいまの世の中にいかに当てはめるかだけなのだ。

経済的に安定し、いずれ経済的に自立するという目標を達成するために必要なことは何であれやらねばならない。大人の生活の重大な責任は、二度とお金の心配をせずにすむように、適切な投資をし、資産という経済的な砦を築くことだ。

金持ちになる七つの秘訣

自分の仕事や自分の世界で、自分自身の価値を高める優れた方法が七つある。

①仕事をスピードアップせよ

一つ目の方法は、仕事をスピードアップすることだ。現代人はみな、せっかちだ。きのうまであなたの製品やサービスを知らなかった顧客が、いますぐそれをほしいという。いかに早急に要求に応じるかによって、相手の感じ方が変わる。迅速に行えば有能だとみなされる。あなたの製品は品質がよいとも思われる。スピードは、ほとんどの領域でライバルより優位に立たせてくれる。

トム・モナハンは、誰よりも速くピザを配達するという単純な発想でドミノ・ピザを始めた。そして、最近引退したときには一八億ドルの個人資産があった。あなたも顧客の求めにいかに早く対応するかを、毎日考えつづけるべきである。

②品質を改善せよ

価値を高めて、財産づくりをする二つ目の方法は、ライバルより上質のものを同じ価格で提供することだ。品質を改善するには、顧客が質のよさをどう定義するかを知り、コストを抑えたままで彼らを満足させる方法を探さなければならない。

顧客へのインタビュー調査から、提供には二つの部分があると言える。一つ目は製品やサービスそのものであり、二つ目はそれを提供する方法である。マクドナルドはスピードと価値、清潔さ、価格に対する顧客の欲求を満足させている点で、素晴らしい品質を提供していると言える。ファストフードとして求められているものを、喜んで支払ってもらえる値段で世界中の顧客に提供しているのだ。

顧客から疑問や提案、そして苦情も聞かせてもらうのだ。定期的にフィードバックを求めよう。きっとあなたにできることを教えてくれるだろう。

③価値を高める方法を探せ

金持ちになる三つ目の方法は、あなたの活動の価値を高める方法を探すことである。あなたが抜きんでたければ、顧客にあなたとあなたの商品がライバルより優れていると認めてもらわなければならない。

製品やサービスをより利用しやすいように、デザインを改良するのも一方法である。操作方法を簡単にすることも一つだ。アップル・コンピュータはこの両方を同時にやってのけた。パソコンを不慣れな人にも使いやすいようにしたのだ。実際、アップルのコンピュータや周辺機器、プログラムはセットアップと使用法が簡単で、使いながらわかるようになっている。優れたデザインと平易さは、アップルとその路線を踏襲した他の数え切れないほどの企業にとって、大きな付加価値を生んだ。

④取引を簡単にせよ

価値を高める四つ目の方法は、製品やサービスをもっと便利に利用できるようにすることである。便利さに喜んでお金を払う人がどれほど多いかは、無数のファストフード店が物語っている。顧客はたいていのアイテムに一五パーセントから二〇パーセントの割増金を払う。同じ商品を買うために遠くのショッピングセンターや大きな食料雑貨品店に行かないですむなら、それだけ払う価値があるのだ。

二四時間営業の現金自動預け払い機（ＡＴＭ）は、便利になった例の最たるものだ。銀行は現金の預け入れ、引き出しをやりやすくして顧客に対する価値を高めることができた。

⑤顧客サービスを改善せよ

価値を高める五つ目の方法は、顧客サービスを改善し、顧客への対応を向上させることである。人は感情に動かされやすい。応対する人の温かさや愛想のよさに心を動かされる。優れた顧客サービス戦略は、厳しい市場で優位に戦うための大きな源である。

ノードストロムはアメリカでもっとも成功している高級デパート・チェーンである。ノードストロムの顧客は、同店が他店よりよい品やほかとは異なる品を置いているから利用しているのではない。ノードストロムの強みは、主要デパートのなかでもっとも温かく親切な顧客サービスを提供していることである。

カール・スウェルは著書『一回のお客を一生の顧客にする法』（蓮見南海男訳、ダイヤモンド社）で、どのようにして、アメリカでもっとも成功したキャディラックの販売店をつくったか語っている。彼は、顧客がカー・ディーラーに本当に求めているものを提供する方法をたえず探した。顧客の意見や苦情に真剣に耳を傾け、誰もやったことのないものも含めて対応策を講じた。

彼のイノベーションの一つは、常に代車を十分に用意し、顧客がアフター・サービスのために車を預けておけるようにしたことだ。保証期間中の新車が修理や点検が必要になれば、同等の新車をその家に差し向けた。そして、その足で点検する車を引き取って、顧客の手間を省いた。

車に問題が生じると、初回できちんと直し、万一、再修理が必要になっても追加料金は取らなかった。整備士はみな、自分の仕事に責任をもたされ、同じ修理の問題で車が戻されると追加料金なしで直さなければならなかった。

カール・スウェルのサービス革新のリストは、何章にもわたってつづいている。結局、彼が出店するといつも、その地域で最大の人気を誇るキャデラック販売店になった。彼のサービス革新は非常な成功をおさめたので、世界中から品質管理の専門家グループが視察にやってきた。

⑥トレンドに従え

価値を高める六つ目の方法は、ライフスタイルの変化に気づき、それに応じることである。若者と老人層、金持ちと平均的な人など、それぞれの顧客層の願望や好み、選択傾向の変化を探ろう。新しいトレンドが顧客の行動と購買傾向に及ぼす影響を調べよう。

例えば、毎年、何百万もの人が定年を迎え、そして退職者はいままでになく長生きをする。自然と家にこもって過ごす時間が長くなるわけで、居住環境を快適にするためにお金をつぎ込む人が多くなっている。ホームセンターの繁盛ぶりを見るといい。

⑦もっと安く売れ

あなたの顧客のために価値を生み、あなた自身のために富を生む七つ目の方法は、ディスカウントである。もっと安く、より大勢の人に、あなたの製品やサービスをより多く売る方法を探すのだ。「上流階級と食事をしたければ、一般大衆に売らなければならない」

コストコやサムズ・クラブの驚異的な成功は、倉庫を店舗にした店に安い製品を山積みにしたウェアハウス・ストアをつくったことによる。これらの製品は数千万ドル単位で売れている。顧客は何キロ四方もの範囲からやってくるので、駐車場は一日中込み合っている。

どうすれば値打ちのある製品やサービスを安く提供できるか、どうすればコストを切りつめ、節約分を顧客に還元できるか、どうすれば通常の製品をいまの値段で売り、追加の品を値引きして余分に売ることができるかを考えよう。

目標金額と期限を決める

今後の一〇年から二〇年である程度の純資産をもちたければ、それを目標として書きとめよう。見えない的に命中させることはできない。

次に、その目標に期限を設定しよう。同時に、予備の目標期限も設定する。その目標に達するためには、毎月、毎年、いくら稼ぎ、いくら貯金し、いくら投資しなければならないかをはじき出す。とるべき行動を明らかにしよう。毎月、どれだけ前進したかがわかるように、物差しを設けよう。プランが詳細であればあるほど、それを達成する可能性は高くなる。

お金を蓄える明確な目標とプランができたら、次はこう自問しよう。「目標達成に必要なお金を稼ぐには、私は何に卓越しなければならないか？」。それが明らかになったら、そのスキルを身につけ、それに卓越するために新たな目標を設定しなければならない。いかなる代償も払い、いかなる努力もし、いかなる道のりをも進み行くぞ、と決心しよう。

収入の一割は自分に支払う

貯金の習慣は経済的な自立のために重要である。貯蓄の力をよく示す話がクレイソンの有名な著書『バビロンの大富豪』（大島豊訳、キングベアー出版）である。この話のキーポイントとなる教訓は、金持ちになるには生涯まず自分自身に支払わなければならない、ということだ。

給料を受け取ると、そのなかから一定額を蓄えるべきである。そして、それを慎重に投資するのだ。経済的に自立する人のほとんどは、給料の一部を貯金し、長期間手をつけずにおくことを習慣にしている。もし勤労生活の間ずっと収入の一割を蓄え、投資すれば、引退するときには十分な資産を手にできる！　それに、貯蓄の行為そのものによって自分が変わる。自分をコントロールすることが身につき、克己心が強まり、人生の他の面でもより賢明で思慮深い人間になれるだろう。

あなたは出費があまりにも多くて収入の一〇パーセントも貯金できないと思っているかもしれない。しかし、成功哲学の唱道者、W・クレメント・ストーンは言っている。「お金が蓄えられないなら、偉大さのタネはあなたのなかにはない」

収入の一〇パーセントは貯金できなくても、一パーセントならできるだろう。貯金箱か瓶を用意し、それをドレッサーの上に載せておこう。毎日、帰宅したら、月収の一パーセントの三〇分の一に相当する額をそれに入れる。月末には貯まったお金を持って銀行に行き、専用の預金口座に入れよう。

これは専用の口座であり、新車や冷蔵庫のための貯金ではない。経済的に自立するために取っておくお金である。どんな理由にせよ、手をつけたり使い込んだりしてはいけない。

そして、収入の残り九九パーセントで暮らすことを心がけるのだ。一カ月もすればそれが楽にできるようになるだろうから、次は貯蓄分を二パーセントに増やし、九八パーセントの生活を身につける。こうして毎月、増やしていく。一年たたないうちに、毎月、収入の一〇パーセント以上を貯金に回し、九〇パーセント以下で暮らすのに何の不自由も困難も感じなくなっているはずだ。

さらに、人生の他の面でもお金のことをもっと責任をもって考えるようになるだろう。出費にもっと注意を払うようになるだろう。

金儲けにはお金がいる

さらに驚くべきことが起こる。経済的な砦を築くようになると、お金をもっと早く成長させるようなチャンスを引き寄せるだろう。ビジネスや副収入のチャンスをたびたび手に入れ、それをうまく利用するためのお金ももてるだろう。

こうした好機に役立つお金は、人生最大の喜びの源の一つだ。銀行預金があり、請求書をきちんと処理できている人は、預金もなく、月末になるといつも請求書の心配をする人とは心理的にまったく異なる。お金をもつことでよりポジティブで楽天的な人間になれる。それがまた周囲にエネルギーの力の場を生み出し、あなたのお金をますます早く成長させるような多くの人々やアイデア、機会、資源を引き寄せはじめるのだ。

大事なことは「いくら稼ぐか」より「いくら保持するか」

しかし、警戒しなければならない危険事項が二つある。どちらも経済的な目標を達成するチャンスをそこない、あるいはぶちこわしさえする。一つ目は、支出は常に収入に応じて増えるということである。しかし、稼ぎを使い切ってしまうほど出費を増大させてはならない。よい方法がある。収入が増えるたびに、増額分の半分だけを使い、残りは貯金するのだ。二〇〇ドル昇給すれば、そのうちの一〇〇ドル（またはそれより多く）を蓄え、残額分だけを生活に使う。これを習慣にすれば、あなたの将来は経済的に安泰である。

警戒すべき二つ目の危険は、一攫千金的な考え方である。つまり、せっせと働いたり十分な代償を払ったりしないで楽に金儲けをしようとすることだ。次のような古い格言がある。「金を儲けるはピンで砂に穴を掘るがごとし、失うは砂に水を注ぐがごとし」

お金に関してただ一つ簡単なのは、それを失うことである。将来に備えてお金を蓄えはじめたら、「投資の法則」を実践することだ。投資する前に調査すべきだということだ。少なくともお金を稼ぐのにかけるだけの時間を、投資の調査と研究にもかけるべきである。

忘れないでほしい。もしも二〇〇〇ドル貯めるのに一年かかり、無謀にもへたな投資で二〇〇〇ドルを失ったとしたら、そのお金を失っただけではなく努力した一年も無駄にしたことになる。人生のかけがえのない一年を失ってしまうのだ。

お金に関して肝心なのは、いくら稼ぐかではなく、いくら保持するかである。

大半の人は一生の間には巨額のお金を稼ぐのに、勤労生活が終わってみると、結局身内と社会保障制度に頼ることになる。稼ぎはしても身につかなかったのだ。

まずは半年分の生活費を蓄えよ

経済的な自立というスツールの三本の脚は、貯金、保険、投資である。まず第一の目標とすべきなのは、二カ月から半年間の生活費に相当するお金を蓄えることだ。このお金は非常時に現金化できるような形にしておく。

6. 二カ月から六カ月分の支出をまかなえるだけの十分な予備費を現金で蓄えよう。自分の生命、健康、家、車、所有物に保険をかけよう。将来について、一か八かの賭けをしてはならない。

7. 自分自身に投資し、最高の報酬を得られるような、カギとなる仕事の腕をいっそう磨こう。自分自身こそがもっとも価値ある資産なのだ。

原則

9

You Are a Genius

The source and center of all man's creative power is his power of making images,or the power of imagination.

Robert Collier

「超意識」を使え！

あらゆる人間の創造力の源と核心は、
イメージをつくる能力、つまり想像力である

ロバート・コリアー

普通の人は頭脳の一〇パーセントしか使っていないと言われてきた。だが、実はもっと少ない。スタンフォード大学の頭脳研究所によれば、普通の人は一〇パーセントどころかせいぜい二パーセント余りしか使っていないという。一〇万ドルの銀行預金をもちながら二〇〇〇ドルしか使わないようなものだ。残額はそのままで、利子さえつかない。

何であれはっきりとした決断をすることで、頭がクリアになり創造性が活性化される。迷い、決断できないでいると、行動があいまいになる。精神を集中させて明確に考えることができなくなるのだ。どのような思想や問題、目標でも、それに精神を集中すればするほど知力は活性化され、刺激され、その問題を解くこと、ないしその目標に到達することに焦点を合わせるようになるのだ。そして心は晴れやかになり、大波のようなエネルギーがわいてくる。自分の人生をコントロールできるように感じるのだ。

四六時中望めば、何でも必ず実現する

人間の持つもっとも強力な能力は「超意識」である。超意識はあらゆる霊感や想像力、直感、見識、アイデア、予感などの源である。超意識は発電所のようなものであり、適切に計画され指示されると望むものは何でももたらしてくれる。

超意識の存在は何世紀も前から知られていた。エマソンはこれを「精神を超越するもの」と呼んだ。ユングは「超意識」と呼び、そこには何世代にもわたる英知が眠っており、それを開発するすべを知った人にもたらされると考えた。ナポレオン・ヒルはアメリカの富裕な人々のインタビューにより、彼らがいずれもこの超意識を正しいやり方で開発するすべを知ったことにより富を得たということを明らかにしている。

あらゆる科学的、技術的大躍進、偉大な芸術作品、音楽や文学の真の傑作、人類に不滅の印象を残した天才のひらめきなどは、すべて超意識からもたらされたものである。

想像してほしい！　何であれ、繰り返し考え、集中し、感情で受け止め、思い描き、肯定することができれば、望むものをすべて手に入れることができるのだ。まったくその人しだいなのである。何かをどれほど本気で望んでいるかは、そのことを四六時中考えるかどうかにかかっているのだ。

超意識はなんでも解決してくれる

超意識は、目標への道に存在するあらゆる問題を――目標がはっきりしている限り――自然と解決してくれる。さらに、目標をなしとげるのに必要な経験をさせてくれる。

新しい目標を定めても、人生がまったく予期しなかった方向へそれることもあるだろう。何年か先に収入が増えるように目標を定めても、解雇や一時解雇の憂き目にあうことも多い。だが、その後新しい職について、以前よりも多くの収入を得る。あとで考えれば、もし以前の職場に固執していたなら、目標を達成することは絶対になかったろうとわかる。

大きな成功を収めた人で、その成功は「予期しなかった失職」や「会社の予期しなかった倒産」の結果だという人は多い。彼らは新たな決断を迫られ、別の仕事を始めた。進路を変更をして新しい道へ踏み出し、そこで目標を達成したのだ。

超意識は、差し迫った問題に対してまさに必要としている解答を、まさに絶好のタイミングでもたらしてくれるだろう。それがもたらされたなら、たとえ真夜中であろうと直ちに行動を起こさねばならない。

例えば、長い間話をしていない人に電話をかけようという霊感または直感がふいに訪れるかもしれない。その人に電話して話をしているうちに、自分がいままさに必要としている貴重な情報を相手がもっていることがわかるかもしれない。ある人のことをたまたま考えて、二、三分もしないうちに電話が鳴り、当のその人がかけてきたということも多いのではないか。これが超意識が働いた例である。

自分にプログラミングする

超意識の特徴は、あらかじめプログラミングする計画が立てられることだ。意識から潜在意識を通じて超意識に命令することができ、超意識がぴったりのタイミングで、もっとも適切な方法でその命令を実行するのである。

例えば、どんな状況でも、どこでも、起きたい時間に目覚めるようにあらかじめ心にプログラミングすることができる。もう目覚まし時計はいらない。午前六時三〇分に起きたいなら、それを心にプログラミングし、あとは寝るだけ。六時三〇分になれば、たとえ部屋が真っ暗でも目が覚める。

超意識を用いれば、交通量の多い通りや込んでいる駐車場でも車をとめるスペースを見つけることができる。どこへ行こうと駐車スペースを見つけるという人を私はたくさん知っている。目的地に着いたとき駐車スペースが空いているのを思い浮かべることによってそれができるのだ。

寝る前に、疑問や問題について、超意識にプログラミングすることもできる。問題を質問のようにはっきり口に出し、それを超意識に引き渡すのだ。翌朝目覚めると、必要とする解答そのものが心に浮かぶか、別の情報源からやってくる。ふいに直感がひらめくこともあれば、配偶者の意見、または早朝の電話のこともあるだろう。

あらゆることにこのプログラミングを利用することだ。毎夜寝る前に、問題や目標を超意識にプログラミングして解決されることを願う。あとはそのことは忘れてしまっていい。

超意識のもっとも重要な働きは、あなたのあらゆる言動とその効果を、自己像と主要な目標に矛盾しないようにすることである。もっとも適切なことを絶好のタイミングで発言し実行するように導いてくれる一方、あとになって不適切あるいは不正確とわかるようなことを言ったりしたりしないように制御してくれるのだ。

超意識は、穏やかな心で自信に満ち、前向きの期待をもっている状態のときもっともよく働く。よりリラックスし、信頼し、すべてが自分のために働いていることを認めるほど、迅速に超意識は働き、望むものをもたらしてくれる。

ここまででおわかりになったと思うが、超意識は誘引力が真に存在する場所である。穏やかで自信に満ちた期待する態度で、目標についてアファメーションを行い、思い描き、感情に訴えれば、誘引力が働いて、人々や環境、アイデア、資源など目標を達成するのに必要なものを引き寄せるだろう。自分がもっていたとは夢にも思わなかった驚くべき能力を発揮するはずだ。

マインドストーミングを実行せよ

超意識を刺激して新しいアイデアや見識を導き出すためのもっとも強力な方法は、定期的にマインドストーミングの手法を用いることである。

この創造的な思考技術は非常に強力で、使いはじめるとあなたは人生のアクセルを踏み込んだように前進しはじめるのを感じるだろう。問題を解決したり目標を達成したりできるアイデアが信じられないほどわき出てくるのだ。

マインドストーミングの技術はごく簡単である。まず白紙を一枚とり、自分の目標なり問題なりを質問の形で一番上に書く。できるだけ明確に書くことで、心がそれに集中し、実際的解答を導き出すことができる。

例えば、今後一年のうちに収入を二五パーセント増やしたいなら、そして現在の年収が四万ドルなら、「一年のうちに収入を二五パーセント増やすにはどうすればよいか?」と書く。

もっとよいのは、「一年のうちに五万ドル稼ぐには何をすればよいか?」と書くことだ。この質問によって、可能な解答の範囲が広がる。質問がよければそれだけ役立つ解答が出る。

質問を書いたら、それに対して少なくとも二〇の答えを書くよう努める。これは非常に大事である。ときには二〇番目の答えがもっとも重要ということもある。

最初の三つから五つの答えはごく易しいだろう。「もっと懸命に働く」「もっと長時間働く」「追加の研修を受ける」など、簡単なアイデアが思い浮かぶはずだ。

次の五つの答えはもっと難しい。最後の一〇の答えが一番難しい。しかし、少なくとも二〇の答えを書くまではやめてはいけない。

私のゼミに参加したある事業家は、六カ月間、問題をかかえて苦闘していた。破産の瀬戸際で、時間的余裕もなかった。ところがこのマインドストーミングをやったところ、二〇番目の答えが解決の糸口を与えてくれたのだ。結果、事業が救われたのである。

二〇の答えを書いたら、細心の注意を払って見直し、直ちに実行に移せるアイデアを少なくとも一つ選ぶ。これが重要な部分だ。新しいアイデアに素早く着手すればするほど、問題解決や目標達成のアイデアが増える。より多くのアイデアを試せば、もっとも適切なことを絶好のタイミングで行うことができるだろう。

マインドストーミングの技術を自分の目標や問題に当てはめて、一週間に五日考えるなら、一日に二〇、一週間で一〇〇のアイデアが生まれる。五〇週たてば五〇〇〇の新しいアイデアが得られ、週末や休暇中にわざわざ考える必要もなくなるはずだ。

毎日、新しいアイデアの一つを実行すれば、一週間に五日、一年に五〇週あるから、毎年二五〇のアイデアを実行することになる。普通の人は一年にせいぜい三つか四つ新しいアイデアを考えるだけで、しかも別にそれを活用するわけではないことを思えば、あなたは途方もなく優位に立てることになる。

アイデアは未来へのカギである。アイデアは目標を達成するための踏み石である。障害に打ち勝ち、問題を解くために使う道具である。より裕福に、より幸せになり、より満足し、より成功するよう導いてくれるのがアイデアである。

超意識は三つの主要な要因によって刺激される。すなわち、①切望する目標、②差し迫った問題、③適切な質問である。この三つすべてをたえず用いて、あなたの創造力を最大限発揮すべきである。

「切望する目標」は、焼けつくような欲求と熱中、興奮によって超意識を活性化し、あなたを周囲の可能性にいっそう敏感にさせる。

何とか解決しようと切に望む「差し迫った問題」は、定期的なマインドストーミングを行うことで創造性を刺激し、行動へと駆り立てる。

思考を促す「適切な質問」は、新しいアイデアを生み、あなたを新しいやり方に目覚めさせる。

どんな仕事も問題を解決するためにある

私は集中講義の聴衆――しばしば数百人、ときには数千人になることもある――に、私は彼ら一人ひとりが何をして生活しているかを知っていると言うことがある。聴衆は信じられないというような微笑を浮かべる。そこで私は言う。「あなた方の職業が何であれ、実際にやっているのは『問題を解決する』ことです。そういう仕事を一日中やっているわけです。解決すべき問題がなければ、仕事もありません。問題が大きく、難しく、込み入った、費用のかさむものであればあるほど、より多くの収入を得、より早く昇進する大きなチャンスなのです」

どんな産業でももっとも高い給料を得ているのは、問題を解決するのがもっとも上手な人である。そして、達成されていない目標は、解決されていない問題なのである。

簡単で確実な問題解決の七つのステップ

組織立った方法で問題を解決するのは、天才が用いる方法である。研究によれば、天才は一定の方式と問題評価法、問題解決法によって困難と取り組む。同様の方法を利用すれば、あなたも天才と同じような仕事ができるのだ。

さらに、どんな問題でも組織立った方法で取り組めば、精神の力をより多く使うことができる。組織立った手法が超意識を活性化し、必要な見識やアイデアをもたらしてくれるのだ。

①自信をもって取り組め

組織立った問題解決法の第一段階は、落ち着いて自信と期待をもって問題に取り組むことだ。そうすれば、おのずと合理的で実行可能な解決法が見つかる。どんな問題でも、問題自体のなかに解決のタネが存在する。そして、あなたが見つけてくれるのを待っているのである。

問題志向ではなく、解決志向であるべきだ。誰かの責任を問うのではなく、自分にできることや実行可能なことを考えるのだ。いつも解決可能であるという観点で考えれば、より楽観的に、より冷静に、より創造的になれるはずだ。

②問題を「挑むべき課題」と考える

第二段階は、問題を一つの「挑むべき課題」と考えることである。さらによいのは「好機」と考えることだ。言葉は重要である。言葉は感情を生起させる力をもっている。言葉によって幸せで創造的になることもあれば、怒りと反発を招くこともある。

「問題」という言葉は、否定的な言葉である。緊張と懸念を生じさせ、不安とストレスの原因になりかねない。誰かが電話で、「深刻な問題がある！」とせき込んで言ったとしよう。あなたはたちまち不安に襲われ、心配になるだろう。しかし、問題や困難を「挑むべき課題」や「好機」と考えれば、ずっと落ち着いて対応できるはずだ。

ナポレオン・ヒルの二二年にわたる調査によると、成功をおさめた人々はみな、どのような敗北や障害のなかにも同等かそれ以上の利点や恩典がひそんでいると考えている。

③「この問題は厳密にはどういうことなのか？」を自問する

組織立った方法の第三段階は、問題を明確に見きわめることである。「この問題は厳密にはどういうことなのか？」と自問し、定義して書き表してみよう。問題がきちんと把握できれば、半分解決したようなものだ。

問題をはっきり定義したら、さらに自問しよう。「ほかに何が問題なのか?」。適切な問いは、創造性への強力な刺激剤になる。さまざまな角度から問題を考えることで、解決のための多くのアイデアや方策が生まれる。ただ一つの定義しかない問題には用心しないといけない。

もしあなたの店の売り上げが落ちたら、その問題をただ単に「売り上げが落ちた」と言うこともできる。しかし、例えばこのように定義することもできる。「売り上げはこちらが望むほど多くはない」、または「われわれの製品やサービスは自分たちが望むほど売れていない」。次のように言うことさえできる。「ライバル社がわれわれ以上に売っている」「販売員の販売高が目標に到達していない」「顧客がわれわれよりもライバル社から買っている」。いろいろな面から考えるほど、それだけ解決に近づくのだ。

④原因をすべて突き止めよ

第四段階は、問題の原因をすべて突き止めることだ。明らかな原因と隠された原因の両方を探し出そう。当然と考えていたことを吟味してみよう。そして、自問しよう。「現在の状況でわれわれのやり方が完全に間違っていたらどうすればいいのか?」「もしやるべきことの正反対のことをしていたら、どう変えるべきだろうか？」

失敗の根元には誤った想定がある。自分の製品やサービス、市場、競争、顧客などについて思い違いをしているかもしれない。

⑤可能な解決策をすべて明らかにせよ

第五段階は、可能な解決策をすべて明らかにすることである。明白な解決策と、それほど明確でない解決策を書き出してみよう。明白な解決策とは反対の解決策を取り上げよう。それはまるで役に立たないかもしれないが、まったく違った働きをすることもある。解決策が多く出せるほど、理想的な解決策や複数の解決策の組み合わせを見つけることができるはずだ。

⑥解決策のうち、どれを採用するか決断せよ

第六段階は、考え出した解決策のうちからいずれを採用するか決断することである。一般に、どんな決断でも決断しないよりましだ。明確な決定は創造性を刺激し、エネルギーを生起させ、超意識を活性化させる。進んで決断しよう。そして、新しい情報が得られた場合、進んで決断の変更や修正を行うことだ。

⑦責任の所在を決めよ

第七段階は、解決策を実行するにあたって、自分で全責任を引き受けるか、ほかの人にも責任を割り当てるかを決めなければならない。できるだけ迅速に決め、実行することだ。ぐずぐずしてはいけない。

忘れてはいけない。成功している人々が常に正しい決断をしているわけではない。しかし、彼らは決断を正しいものにしているのだ。決断したことを実行すると、すぐさまフィードバックがあるだろう。それによって脱線したとき修正することができるのだ。進路を修正して新たな行動を起こせば、またそれに対するフィードバックがあり、そこからまた学ぶことができる。こうして、より賢明に、より有能になり、結果として目標に向かってどんどん加速しはじめるのである。

問題の解決にあたり、マインドストーミングと組織立った方法という二つの積極的な方法を紹介した。だが、さらに利用できる消極的な活動もいくつかある。それらを利用することで、自分のなかのより深い部分を使うことができるようになる。

創造的思考のための消極的方法のうち、もっともよいのは「独居」である。独居は簡単だ。まず、一人で静かに座れる場所を見つけ、腰を落ち着ける。次に、くつろいで何回か深呼吸をし、リラックスして自分に神経を集中する。第三に、この落ち着いた静かな状態で、三〇分から一時間動かずにじっとしている。立ち上がったり、コーヒーを飲んだり、タバコを吸ったりしてはいけない。音楽を聴くのもだめ。ただ静かに座って、話しかけてくる霊感の声を待つのだ。

自分が望むものがはっきりすると、超意識が刺激され、それをかなえるためのアイデアがもたらされる。独居を実践する前にマインドストーミングを行えば、心の働きがきわめて敏感な状態になる。解決策に焦点がしぼられる。そして、孤独のうちに超意識が働きはじめるのだ。こうして人生が一変するような洞察がもたらされることもまれではない。

未来をつくるために、いますぐできること

1. 毎日、読書をし、学び、語彙を増やそう。言葉を多く知れば知るほど、よりよく考え、よりよい決断ができる。
2. あらゆる問題や目標にマインドストーミングを実行しよう。目標や問題を質問の形で書き表し、二〇の答えを考え出す。その少なくとも一つを直ちに実行しよう。

3. どんな問題や困難にも、同程度かそれ以上の好機や恩典がひそんでいると考えよう。常に好機や恩典は見つかるはずだ。

4. あらゆる問題や障害に対し、組織立った方法で取り組もう。原因をすべて明らかにし、可能な解決策をすべて定義し、決断する。そして、実行しよう。

5. 解決志向の人間になろう。障害を取り除き、目標を達成するのに何ができるかを常に考え、語ろう。

6. 問題解決の十分な能力をそなえていることに自信をもち、目標への道にある障害を乗り越えよう。

7. 超意識に、明確な目標やポジティブな期待、孤独とリラックスの時間、積極的アファメーションを与えることによって、たえず超意識を開発しよう。これはあらゆるもののなかでもっとも強力な力である。

原則

10

Results Determine Rewards

My success just evolved from
working hard at the business at hand each day.

Johnny Carson

もっとも重要なことから始めよ

私の成功は、日々、
目の前の仕事に懸命に取り組んだ結果にすぎない

ジョニー・カーソン

勤務時間を一〇〇パーセント使えば、スターになれる

ロバート・ハーフ・インターナショナルによれば、平均的な人は勤務時間の五〇パーセント以下の時間しか働いていない。経営者すら、仕事とも企業とも関係のないことにゆうに五〇パーセントの時間を費やしている。平均が五〇パーセントということは、五〇パーセント以上浪費している人も相当いるということだ。

時間を浪費するのは主に無駄話である。上記の調査によれば、ゆうに三七パーセントの時間が同僚との雑談に費やされる。残りの一三パーセントは、遅刻や早退の結果である。コーヒータイムや昼食時間が長引くことや、私的な用事や私用電話によっても浪費される。

最近、私は時間管理と個人の能力について、テレビのインタビューを行った。テレビ局に着くと、オフィスを通って調整室に案内された。一二人のスタッフのそばを通ったが、仕事をしていたのは二人だけだった。ほかの人は家族や友人やフットボールのことをしゃべったり、新聞を読んだり、コーヒーを飲んだり、外を眺めたりしていた。競争の激しい民間企業がこうなのだ。大規模な官僚組織や政府組織がいったいどうなのか考えてみるといい!

もっと悪いのは、仕事はしていても優先順位の低い業務をやっており、そのやり方も非能率的

なことだ。その結果、成果はほとんどあがらない。仕事は山積みになり、ごちゃまぜになる。仕事に追われれば早く仕上げようとして、かえってうまくいかない。どんな企業でもコストのゆうに四分の一は、失敗した製品のつくり直しや不適切なサービスや仕事のやり直しに浪費されていると推定される。

あなたの目標はあなたの分野でスターになることのはずだ。あなたの分野で著しい業績をあげた一〇パーセントの仲間入りをすることであるべきだ。その目標を達成するカギは、勤務時間中はしっかり働くという簡単なものである！

誰かがおしゃべりする時間があるかと聞いてきたら、こう答えよう。「いいよ、でもあとでね」。おしゃべりは仕事の前か後か、昼食時間にしようというわけだが、そのときでもこう言おう。

「さあ、すぐに仕事に戻らなくちゃ」

潜在意識に深くプログラミングする指令のように、たえず自分自身に強く言い聞かせよう。

「仕事に戻れ！　仕事に戻れ！　仕事に戻れ！」

こういう働き方は最初は抵抗があるかもしれない。同僚は自分たちのレベルに引き戻そうとするかもしれない。しかし、あなたはやり通さなければならない。勤務時間中はしっかり働くという評判が立てば、これまで以上のことをなしとげ、誰よりも多くの収入を得、より早く昇進するだろう。

成功する人は価値のあることに注力する

時間は限られている。より多く手に入れることはできない。しかし実際問題として、毎日、二四時間という新しい時間をもっている。そして、人生はそれをいかに使うかにかかっている。

また、時間は貯めることができない。時間はただ消費されるだけなのだ。唯一できるのは、時間を異なる使い方をすることだ。あまり価値のない活動からより価値ある活動へと、時間を再配分するのだ。

成功する人は、より価値あることにより多くの時間を費やす。目標に近づくことができることを、より多くやるのだ。目標に到達できず失敗する人は、あまり価値のないことやまったく価値のないことをやっている。自分が本当に望んでいる方向に向かわない仕事や活動に携わっているのだ。最悪なのは、目標から遠ざかるようなことに時間を浪費することである。

時間をどう使うかは、自分しだいである。自分が主人なのだ。自分の運命の開拓者は自分である。時間を価値の高い活動に使うか、あまり価値のないものに費やすかで、今日のそして明日の人生が決まるのだ。

あなたのもっとも重要な仕事は、「何」をなすべきか、どの順番にやるべきかを明確にすることである。そして、自分が決めた優先順位にしたがって仕事をするよう努めなければならない。それこそが生産性を高めるカギである。

優先順位が決まると人生をコントロールできる

一〇年、二〇年先の自分の理想的生活がどのようなものかを想像することで、長期的展望をもつことができる。理想像を思い描くことができたら、「それを実現させるには、いま何をやるべきか？」を自問し、それから目標と優先順位を定め、行動に移すのだ。

はっきりと優先順位を決める能力は、人生を管理するカギである。努力が空回りし目標が達成できないのは、優先順位を間違えたからだ。成功はいずれも、優先事項を見きわめることができ、もっとも価値ある仕事を完成するまでやりつづけたためである。

太陽のエネルギーは暖かく穏やかだが、虫眼鏡で一点に集めれば激しく燃え、大量の熱を生じる。優先順位を決めるのも同じである。もっとも重要な仕事を見きわめ、それに集中するすべを身につければ、途方もないことをなしとげられるだろう。

一日、週間、月間の「やることのリスト」をつくれ

優先順位を決めるには、いくつかの段階がある。まず、活動や仕事を始める前に、それらのリストをつくる習慣をつけることだ。これによって生産性が二五パーセントかそれ以上は上がる。

リストにはいくつか種類がある。第一は、「マスター・リスト」で、これは時間管理の計画の中心となるものだ。将来何をしたいか、考えうるすべてを書いたリストである。何か新しい考えが浮かんだら、リストに書きとめる。リストには実際に何百もの項目があるかもしれない。何年も先に予定されているものもあるだろう。

第二のリストは、「月間リスト」である。翌月にやるべき重要な仕事を書いたものだ。長期的な目標のリストを書き加えてもいい。

第三のリストは、「週間リスト」。一カ月のリストをさらに詳細にしたもので、今週やりたいことを書く。

最後のリストは、「一日のリスト」。今日の朝から夜までの完全な青写真である。あなたの成果と生産性を最大限にするための組織立った計画である。持ち時間内に最大限のことを確実に行う手引きになる。

常にリストを携えて一日を、一週間を、一カ月間を始めよう。あらゆることにリストをつくるのだ。生産的な人はみな、ペンを持ち紙の上で考える。あらゆることにリストをつくっているのだ。なお、毎日のリストは、前の晩につくるのがいい。それによって眠っている間に潜在意識を働かせることができる。

二〇パーセントの大事な仕事に全力をつくせ

時間管理とは、物事の順序を決めることである。第一に何をやり、第二に何をやるべきか、まったくやらないのは何かなどを決めることだ。順序を決める、あるいは変更することによって、全体的な進行方向をコントロールするのである。

優先順位を決めるもっとも一般的な時間管理術は、八〇対二〇の法則だろう。これは、どんな活動リストでも、価値の八〇パーセントは項目の二〇パーセントにあるということだ。価値の九〇パーセントが項目のわずか一〇パーセントにあるという場合もあるだろう。つまり、一〇の仕事のうち、一つがほかの九つよりも重要だということもありうるのだ。どの仕事がもっとも重要な二〇パーセントに入るかを見きわめられるかどうかで、あなたの生産性と業績が決まるのである。あなたにとってもっとも価値ある結果を生み出す二〇パーセントの仕事を見きわめたら、もっとも重要なことから着手することだ。簡単な仕事をすべて片づけようという考えで始めると、そういう仕事がどんどん増える。一日の終わりにもまだそういう仕事にかかずらっていることになりかねない。重要な仕事と責務が手つかずになったままで。

結果を予測せよ

その行動がどんな結果をもたらしそうかで、優先順位が決まる。重大な結果をもたらす仕事や活動は、優先順位が高い。わずかしか、あるいはまったく重要性のない仕事や活動は、優先順位が低い。

あなたの会社や顧客にとって重要な仕事は、最優先される。それをやるかやらないかで結果が大きく変わることもありうる。同様に、能力開発は優先順位が高い。仕事ぶりが向上していくということは、長期的には素晴らしい結果をもたらすだろう。

他方、コーヒータイムをとったり同僚と昼食に行っても、何にもならない。四〇年間コーヒータイムをとり、昼食に行ってもいいが、業績や収入はまったく変わらないだろう——その両方の時間を減らさない限り。

時間管理のABCDE方式

何かを始める前に常にどんな結果になりそうかを考えよう。そこで役立つのが、ABCDE方式である。

毎日の活動のリストを取り上げ、各項目の前にA、B、C、D、Eを記す。Aの仕事は、やらねばならない仕事である。それをやるかどうかで重大な結果をもたらす。あなたの人生とキャリアにとって重要なことだ。最優先事項だ。それらすべてにAの印をつけよう。

Aの仕事がいくつもあれば、A−1、A−2、A−3と書く。そしてA−1の仕事から始めて、すべてやりとげる。

Bの仕事は、やるべきものである。それをすること、もしくはしないことに、多少の重要性がある。Aの事項ほど重要ではない。Aの仕事がまだ片づいていないうちは、絶対にBの仕事に移ってはいけない。

Cの仕事は、コーヒータイムや昼食のような楽しいもの。愉快な活動かもしれないが、やろうがやるまいが何も変わらない。同僚との雑談や新聞を読むこと、私用電話などもこれにあたる。

Dの仕事は、人に任せるものである。優先順位の低いものはすべてできるだけ人に任せよう。

そうすれば、重要な、あなたにしかできない仕事にもっと多くの時間が使える。手紙のタイプや電話、契約書の整理などは人に任せること。

ABCDE方式でEは「排除する」という意味である。最大の時間節約法は、仕事や活動を完全に排除することだ。以前は重要だったがもはや現在やらねばならない別の仕事ほどの価値はないという仕事は、もうやめることだ。

最高の成果をあげるための五つの質問

あなたがたえず自問すべき五つの質問がある。焦点をしぼり、よりよい成果をあげるための一助となるものだ。

①「自分にとってもっとも価値ある活動は何か？」

あなたの会社やキャリアや人生に、最大の価値をもたらす仕事は何か？　もし答えがはっきりしなければ、しばらくじっくり考えよう。上司や同僚に意見を聞いてみよう。配偶者にも聞こう。最高の成果をあげたいなら、もっとも価値ある活動を明確にしなければならない。見えない標的を撃つことはできない。

②「自分にとって成果をあげるべき重要な分野は何か？」

優秀な仕事をするためにはどんな成果をあげなければならないだろう？　成果をあげるべき重要な分野は、あなたが責任を負っている分野である。あなたがそれをしなければ別の人がするというわけにはいかないものだ。その分野を明確にし、それぞれを首尾よくなしとげることに集中しなければならない。

③「何のために私は雇われているのか？」

あなたのやることに会社がお金を払うのはどうしてだろう？　あなたが受け取る報酬について、その理由をどのように説明することができるか？　あなたの仕事をすべてリストアップしよう。リストのうち、首尾よく責務を果たすのに不可欠なのはどれか？

もしあなたが雇われている理由がはっきりわからなければ、上司にそのリストを見せて優先順位をつけてもらうといい。それから、最優先のものに取り組むのだ。

④「自分だからできる、重要な仕事は何だろう？」

毎日こう自問しつづけ、答えつづけるべきである。この問いには常に答えがある。常にあなただけにできることがあり、手早くきちんとやれば、あなたの会社に大きな影響を与えるだろう。それは常にあなたの最優先事項であり、成果をあげるべき重要な分野であって、あなたが雇われている主な理由でもある。

⑤「現在、自分の時間のもっとも価値ある使い方は何だろう?」

こう自問し、答え、そしてその仕事に専心することが、大きな成果をあげ、最大限の生産性をあげるカギである。もっとも価値ある仕事に打ち込むことこそ、自己鍛錬と自制を真に示すものである。

すべてを白紙に戻して考える

適切なことをより多く行うため、すべての活動について「白紙に戻して考え」てみよう。たえず自分の生活と仕事を見直し、自問しよう。「もしやり直すとしたら、今日やっている仕事で、いま自分が知っていることを知っていたら、二度とやらないことがあるだろうか?」

めまぐるしい変化のため、「いま知っていることを知っていたら」、二度とやらないという事柄がしばしばある。もしあなたの時間とエネルギーが、いま知っていることを知っていたらやらない活動やつき合いに取られてしまうなら、あなたの時間と人生をコントロールすることはほとんど不可能だ。時間のもっとも悪い使い方の一つは、すべきでないことをすることである。

あなたの仕事やキャリアについても考えてみよう。これは自分にとって最適の仕事だろうか？　いま知っていることを知っていたら、これを選ぶだろうか？　もしそうでないなら、どのような決断をせねばならないのか？

個人的および仕事のうえでのつき合いについても考えてみよう。いま知っていることを知っていたら、二度とつき合わない相手はいないだろうか？　二度とつき合いたくないような相手とつき合うのは、時間の浪費のなかでも最悪のものである。

時間やお金、感情などをつぎ込んでいるものを見直してみよう。いま知っていることを知っていたら、やろうとはしないものはないだろうか？　もしあれば、「どうすれば現状から抜け出せるか、そしてどのくらい早く抜け出せるかを考えるべきだ。

未来をつくるために、いますぐできること

1. 毎日、毎分、たえず自問しよう。「どんな成果をあげることを期待されているか？」。答えが何であれ、大半の時間をその成果をあげることに集中しよう。
2. 実行することすべてに優先順位をつけ、もっとも重要なことに集中しよう。
3. 仕事を始める前に、自分の仕事のリストにＡＢＣＤＥのランクづけをして優先順位を決めよう。簡単な仕事をまっ先に片づけるという誘惑に絶対に負けてはならない。
4. 生活のあらゆる分野について、白紙に戻して考えてみよう。いま知っていることを知っていたら二度とやらないことで、いまやっているものはないだろうか？
5. 自分の人生や仕事にほとんど役立たない活動は、後回しにしよう。無益なつまらない仕事をするのはやめよう。
6. 仕事と個人生活について、長期的展望をもとう。将来どのようになりたいかをはっきりさせ、それを現実にするためにいますべきことをやろう。
7. 自分がやっていることそれぞれについて、どんな結果をもたらすかよく考えよう。何が起こるか正確に予言できることは、重要な思考のスキルである。

原則

11

Seize The Day!
If your real desire is to do good, there is
no need to wait for money before you do it;
you can do it now, at this very moment, and just where you are.
James Allen

チャンスを引き寄せろ!

本当にあなたが首尾よくやりたいなら、
そろばんをはじいている暇はない。
いますぐここで実行すべきだ

ジェームス・アレン

大成功をおさめた人々には、行動志向の傾向が強く見られる。挑戦する回数が多いほど、勝利をおさめる回数も多くなるのだ。

行動志向になるには、短時間に多くのことをこなす必要がある。そのためには注意深くなければならない。注意深い人間はチャンスを見逃さない。雑誌や書物の片隅に載った広告や記事を見たことから人生が一変した人の何と多いことか。そこにヒントを見つけて人に先がけて行動を起こしたことで、人生がまったく違うものになったのだ。

ほんの小さな勇気が巨万の富を築く

カナダの精力的で行動志向の企業家、ピーター・トーマスは、ある日、ハワイのビーチでウォールストリート・ジャーナルを読んでいた。そこにはカリフォルニア州ニューポート・ビーチの新しい会社が加盟店となる不動産業者を募集する広告が出ていた。不動産に詳しい彼は、このビジネスを誰よりも先にカナダに持ち込もうと考えた。彼は直ちにロスへ飛び、その会社、センチュリー21のオフィスへ向かった。

カナダにたいして関心のなかったセンチュリー21の役員たちは、すぐにカナダでの一手販売権を彼に与えた。カナダ全土にオフィスを展開した彼は、ペントハウスに住んでヨットを所有する億万長者になった。

多くの人が目にもとめなかった広告のおかげで、一人の注意深く、行動志向の人間が巨万の富を築いたのだ。

こんなことが自分に起こるはずないと思っているあなた、それは間違いだ。しかし注意を怠っていると、チャンスは目の前を通り過ぎてしまう。

学歴やビジネス経験がなくても、大富豪になることはできる。成功した人々に共通しているのは、チャンスとみるやすぐさま行動を起こしたことだ。

専門分野を極めて成功に必要な技術を習得すると、知識と注意力が身につく。そうすると、目の前に訪れたチャンスを確実にものにすることができるのだ。

物理学の「慣性の法則」を思い出してほしい。ニュートンいわく、「動いている人間はそのまま動きつづけようとする。そのほうが、いったん止まってまた動くよりもエネルギーが少なくてすむ」

動きだすために必要なエネルギーを一〇とすると、動きつづけるのに必要なエネルギーは一ないし二にすぎない。しかし、いったん止まれば再び一〇のエネルギーを使って動きださなければならない。成功する人間は、常に動いていて当てられない的のようなものだ。

一、二週間の休暇の後、以前の調子を取り戻すのに苦労したことはないだろうか。元のペースに戻るのに、休暇と同じくらいの日数を要する場合もある。

超意識があなたを導く

いったん目標をインプットされた誘導ミサイルは、どこまでも的を追いかける。高性能の巡航ミサイルは目標を撃墜するまで追跡をやめることはなく、逃れるのは不可能だ。

人間にも、信じられないような追跡回路がある。明確にゴールを定めれば、その誘導システムが障害物や問題を避けてあなたをゴールへと導いてくれる。タイミングよく必要な訓練も行なってくれる。前進することさえやめなければ、思いもしない方法で願いがかなうこともあるだろう。

大事なのは、どれほど精巧な誘導ミサイルも、発射されなければ軌道を決定できないということ。空中で動いて初めて、威力を発揮することができるのだ。

人間もミサイルと同じである。成功へつづく未来を切り開くには、目標に向かって飛び立たなければならない。目標を定めて動きだせば、軌道を修正するための材料は自然と手に入る。困難や障害さえ、軌道を修正して的にたどり着くための信号なのだ。そのためにも、前進をつづけなければならない。

求職中の失業者の調査で、彼らは二種類に分類できることがわかった。すぐに高収入のよい職を得る人と、長期間職が決まらない人である。

すぐに仕事を得た人々は、求職活動をフルタイムで行っていた。朝七時には家を出て、広告に目を通し、電話をかけ、履歴書を送り、面接を受けて一日を過ごす。週に三〇回から四〇回は何らかのアプローチをしていた。

他方、大多数の失業者は週に二件の面接しか受けていない。郵便やインターネットで履歴書を何通か送ったら、あとは電話の前で連絡を待っているだけだ。

失業した企業幹部の相談にのっていたあるカウンセラーは、毎週行っているミーティングで、彼らが自分を辞めさせた会社や上司の悪口を言ってほとんどの時間を費やしているのに気づいた。

カウンセラーは、過去を嘆くのをやめ、次週からは自分が受けた新しい仕事の面接について話すことにしようと提案した。

次回のミーティングに現れたのは、一六人の企業幹部のうち二人だけだった。残りの人はその一週間の間に一件も面接を受けていなかったのだ。彼らが後ろ向きなのは、人と接することもなく、日がな一日家でテレビの前に座ったり散歩をして過ごしているからだ。

仕事に積極的に取り組んでいると、エネルギーや野心がわいてくる。動きが早いほど、精神的なパワーもわく。常に目標に向かって進んでいれば、二四時間体制であなたの超意識が働き、必要な人間やチャンスを引き寄せつづけるだろう。

行動志向になるための七つのカギ

生産性や成果をあげるのにすぐに役立つ方法が七つある。いろいろな分野で最高の収入を得ている成功者たちが実際に行っている方法である。

①素早く動け

第一のカギは、素早い動き。これまでよりもペースを上げ、それを持続しよう。何かをするのに機を逸しないこと。素早い動きは、成功に不可欠だ。

「すぐやれ、いますぐやれ！」と常に自分に言い聞かせていれば、すべての行動が迅速になって成果が劇的にあがるはずだ。成功する人は、素早く、効率がよい。そうでない人は遅くて、要領が悪い。素早く動くほど、幸運に恵まれるだろう。

②より長く、熱心に働け

第二のカギは、長時間、懸命に働くこと。熱心に働くという評判が立てば、周囲の注目を引く。多くの人は怠惰で、職場でもそれほど熱心に働いてはいない。「働き者」の称号を得るのは意外に簡単である。持続力、集中力、努力が生産性と成果を高めるカギだ。
「職場では仕事にならない」という皮肉な状況がある。オフィスでは、電話や訪問者、会議や思いがけないアクシデントなどで時間とエネルギーを取られる。一日が終わるころには、疲労困憊しているのに仕事はほとんどはかどっていないということになりかねない。慌ただしいときほど、成果はあがっていないのだ。

邪魔をされずに一時間仕事に集中すれば、通常三時間かかる仕事を片づけることができる。一時間早く出社し、昼休みを仕事にあて、一時間残業すれば、それで普通の人間が一日かかる仕事をカバーすることができるのだ。一日のスケジュールを少し見直すだけで、生産性と成果が二倍になるということだ。

この教訓を肝に銘じた私のセミナーの熱心な参加者の一人は、夜九時にはベッドに入り、朝四時に起きてそのまま仕事に出かけるようにした。彼女は午前七時三〇分にはもう一日分の仕事をこなし、そのあと通常の一日分働いた。そして、数カ月たたないうちに二度も昇進し、普通に働く同僚たちの一・五倍の給料を手にすることができた。二年後には、彼女は経営陣の仲間入りをした。

あなたにとっては、時計は単に時刻を告げるもので、任された仕事の締め切りまでの時間を計るためにだけ存在するものでなければならない。これまでのはかどり具合や、より完成度を高めるためにどれくらいの時間が残っているか教えてくれるものだ。

③もっとも重要なことから始めよ

成果を高めるための第三のカギは、重要な仕事から始めることである。限られた時間を自分や会社にとってより価値のある仕事にあてるのは、非常に大切なことだ。

「もし一カ月都会を離れることになったら、最後に一つだけすませておきたい仕事はどれだろう?」と常に自分に問いかけよう。

その仕事がはっきりしたら、まずはそれに集中し、終わらせてしまおう。集中することで生産性が上がる。超意識が活性化され、優れたアイデアや洞察力も生まれる。1.素早く動き 2.人より熱心に働き 3.重要な仕事に集中する、以上三つを守ること。

「完璧に仕事をさせたいなら、忙しい人間に頼むとよい」という諺もあるくらいだ。忙しい人間は、決まった時間のなかでそれ以外の人間の二倍、三倍の成果をあげることができるからだ。

④もっとも得意なことをやれ

第四のカギは、自分が得意とすることを行うことだ。得意なことをしている間は、仕事が楽しいし、早くこなせる。間違いも少ない。あなたの会社への貢献度は増すだろう。

時間を有効に使う最良の方法は、得意分野で重要な任務を行うことだ。重要な仕事での成果は、報酬と評価に直結する。そこでよい仕事をすれば、人よりも多くの給料とチャンスに恵まれるだろう。

⑤仕事はまとめてやれ

第五のカギは、仕事をまとめることだ。似たような仕事は一度に片づけよう。電話はまとめてかける、経費の申請書や手紙、企画書などはまとめて処理する、など。

学習曲線の理論は、どんな分野にも当てはまるもので、時間節約法としてきわめて効果的である。つまり、同じ仕事をつづけていれば、習熟するにつれて必要とする時間は短くなるということだ。最初と最後で比べると、二〇パーセントまで時間を短縮できる。一件ずつばらばらにこなしていたら、実現できない数字だ。これを知らずに仕事を別々にやっていると、時間は短縮できないし、生産性も上がらない。

⑥人と協力せよ

第六のカギは、協力すること。成功するには個人の能力だけでなく、協調性が不可欠である。それぞれが得意分野を受け持って協力し合えば、驚くほどの成果があがるだろう。

第二次世界大戦時、アメリカ政府は、ドイツの潜水艦、Uボートに追いつかれないで北大西洋を渡る貨物船をつくることになった。当時開発された技術は、今日も世界中で使われている。それまで二年かかっていた工期が、まずは四二日に縮まった。その後、優秀な技術者たちが綿密な計画を立てて取り組んだ結果、四日で船を進水させるところまで進歩した。

これはひとえに学習曲線の理論を実践したおかげである。仕事をまとめたことで効率がよくなり、スムーズに機能するチームをつくり上げることができたのだ。あなたの仕事にも応用しよう。

⑦仕事を単純化せよ

第七のカギは、仕事を簡素化、合理化すること。リストラクチュアリングとも呼ばれる方法だ。仕事のプロセスを単純化しよう。まず、通常の業務の流れをリストにする。それぞれの項目が本当に必要か、もっと早く処理したりまとめたりできる部分はないかをチェックする。そっくり省ける部分はないかもチェックする。所要時間を削減する方向で、全体を見直すのだ。

権限を拡大することによって時間を短縮するのも、生産性を上げる強力な手法である。一人の人間が複数の権限をもつことで、仕事は単純化され、早く片づくということだ。

いまや時間はビジネスにおいても私生活においても、もっとも貴重なものだ。時間短縮の努力を常に怠らないようにしよう。どんな組織でも仕事を早くこなせる人は重宝され、出世する。幸運を手にするのはこうした人間なのだ。

未来をつくるために、いますぐできること

1. 行動志向の人間になると決心しよう。よいアイデアやすべき仕事があったら、すぐに行動に移そう。

2. あらゆる場所でチャンスを探し、見つけたら直ちに行動しよう。たった一つのアイデアが大成功への第一歩だ。

3. 勢いをつけ、それをそのままキープしよう。動きだしたら動きつづけよう。目標にいくらかでも近づけることを、毎日何かしら行おう。

4. 何でもすぐやろう。スピードは成功に近づくための大切な要素だ。短時間に多くの仕事をこなすほど、未来への可能性が開かれる。

5. 身体の健康には十分気を配り、高いエネルギーを維持しよう。適切な食事、体重の管理、十分な休息を心がけよう。

6. 仕事を早く、正確にこなせるという評判を手に入れよう。

7. 仕事を見直し、時間を短縮する方法を見つけよう。

原則

12

Character Counts

Honesty is the first chapter in the book of wisdom.

Thomas Jefferson

正直者になれ

知恵という名の書物の第一章は、正直である。

トーマス・ジェファーソン

どのような関係も、信頼なしには成り立たない。信じられない相手と親しくなろうと思うだろうか？　友人や家族といった親密な関係だけでなく、商取引や企業組織も信頼がなければまとまらない。会社の成功は信頼にかかっていると言ってもよい。

自分に正直になれ

心理学者エイブラハム・マズローが自己実現して成功を手にした人々を調査したところ、彼らはありのままの自分を客観的に見ていることがわかった。自分の長所や短所、自分の立場などを幻想に惑わされずに率直にとらえているのだ。そして、これが他人に対する誠実な態度にもつながっている。

シェイクスピアは書いている。「何よりも己に正直であれ。さすれば、他人に対しても偽ることはなかろう」。自分を粗末にしてはいけない。幻想に惑わされず、世の中を客観的にとらえよう。あらゆることに真実を実践し、常に「真実は何か？」と自問しよう。

内なる声に耳を傾けよう。「正しい」と直感したことのみを実行し、口に出そう。高潔において妥協すべき理由などない。エマソンも言っている。「何をおいても、高潔を犠牲にしてはいけない」と。

高潔を実践するというのは、周囲の人すべてに対して誠実であることだ。あなたの信念と相いれない人間関係からは身を引こう。人生のどんな場面においても、誠実さを貫くことだ。

自尊心や自信は、人格に根づくものである。自分や他者に誠実に向き合っていれば、自分や他者の人格に敬意を払うようになる。自然に他人の尊敬も得られ、あなたの人間関係は質、量ともに豊かになるだろう。

高潔さは、ほかの美徳すべてを保証するものだ。その人が正直であれば、常にあらゆる善を実践しており、行動に一貫性がある。

理想の人格はいまからつくられる

過去の過ちにこだわってはいけない。過ちを犯したのは、過去のあなただ。現在のあなたはもっと成長し、賢明になっている。だから別の選択ができるはずだ。蓄積された知識と経験にもとづいて、これまでとは違う決断ができる。いまや、自分の未来をたぐり寄せ、どこでも望みどおりの方向へ進むことができるのだ。

こう思う人はご都合主義に注意！

ご都合主義は人間性の基本的な性格に根ざしたものである。人間性とされるものには多くの要素があるが、基本的なものを七つだけあげよう。そのいずれも、間違った方向に向かえば、過ちを犯させかねない。悲劇的なのは、ほとんどの人が七つの特性のマイナス面を実践していることだ。そのため、ほとんど何ごともなしとげることができず、その理由もほとんどわかっていない。

①困難より楽を好む

人間性のもっとも一般的な特性は、難しいものより楽なものを好むということだ。常に労力をかけまいとするのだ。自分の時間とエネルギーは自分の人生そのものであり、人生は大事だからである。より楽なやり方を知っているのに、あえて難しいやり方をしたりはしない。よかれあしかれ、みんな怠け者なのだ。

怠惰も、建設的な方向に向かい、もっと効率的なやり方を見つけようとするなら悪いことではない。人類の進歩の歴史は、創造力を駆使して労力を省いてきた物語である。

怠惰はよいことでも悪いことでもない。正常で自然なことである。好ましくない結果を生む、有害なやり方をして初めて、否定的な特性になるのだ。

②少ないより多いほうを好む

人間性の二番目の特性は、少ないより多いのを好むということだ。もしあなたのリンゴに五ドルまたは一〇ドル払うと申し出たら、ほかに何も条件がなければ、あなたは一〇ドルにしてくれと言うだろう。これは正常で自然なことだ。最小のもので最大のものを手に入れようとするのが人間性である。

これは、誰でも「貪欲」だということである。繰り返すが、貪欲は自然なことで、よいことでも悪いことでもない。建設的な方向に向けられて、生活を向上させたり自分や他人の幸福を増大させようとするなら、貪欲も善に導くものになりうる。

しかし、つまらないものやその人にふさわしくないものを手に入れようとするなら、貪欲は有害で破壊的だろう。貪欲がどういう方向に向けられるかで、よい特性になるか悪い特性になるかが決まるのだ。

③自分にプラスになるものを求める

三番目の特性は、自分にプラスになるものを求めるということだ。あなた自身の幸福や喜びや不満を感じられるのはあなた自身だけである。あなた自身の空腹や喉の渇きや満足や喜びを経験できるのはあなた自身だけである。ほかの誰も、あなたのこうした感情を感じることや、あなたにとって何が一番いいか決めることはできない。あなたはあなただけが決めることができる特定の好悪をもった固有の個人なのだ。

これは単に、あなたが普通の自己中心な人間であるということである。そして、これも正しいことでも間違ったことでもない。単に、人間性の事実である。怠惰や貪欲と同じように。

スラム街で救済活動をおこなっている牧師は、利用できる方策でできる限り多くの人々を救うことで自分のもっとも深い要求と信念を満たそうとしている点で、完全に利己的でありうる。この意味で、コルカタのマザー・テレサは自己中心だった。彼女はできる限り多くの人々を助け慰めたいと思ったのだ。

④野心のために不誠実な行動をする

四番目の特性は、私たちのあらゆる行動が何らかの向上をめざしたものだということだ。意識的であろうとなかろうと、誰でも言動のすべてにおいて何らかの向上を求めている。誰でも野心的だということだ。生活や仕事、人間関係、体調、経済状態を向上させたいと思っているのだ。

野心的の反対は、無関心や無頓着であろう。もしどんな野心もなかったら、現状に完全に満足し、生活がよくなろうと悪くなろうと気にしないだろう。野心はきわめて健全な特性であり、人々を駆り立てて、困難極まる障害も乗り越え、目標を達成させる。

もちろん、野心のために不正直な行為や有害な行動をとるなら、野心も悪い特性になる。しかし、野心自体はよいものでも悪いものでもない。ほかの特性と同様、野心も生まれながらに備わったものなのだ。

⑤知ったかぶりをする

五番目の特性は、無知ということだ。誰もどんなことについてもあらゆることを知ることはできない。どれほど勉強し経験を積んでも、どんな決断も行動もある意味の推量である。あらゆる事実を知ることができないため、自分の行動が望んだ結果をもたらすという保証はありえない。常にある程度の不確実性をもって決断し、行動するしかない。

これは、誰でもある程度は無知だということである。限定された特定の分野についてすら、すべてのことを知る人はいない。

⑥他人からよく思われたがる

六番目の特性は、人は自分自身や自分の外見、業績、家族、仕事、財産などに誇りをもっているということである。自分は魅力的で、他人からよく思われたがっている。虚栄心をもっているということだ。

虚栄心の反対は無関心である。それゆえ、虚栄心はよいものにもなりうる。それによって私たちは美しさや健康、富、成功、物質的なものの獲得などを得ようと奮闘する。虚栄心は被服産業や家具産業、住宅産業、自動車産業、化粧品産業、娯楽産業、スポーツ産業、そして成功する事業を起こし築こうという願望の裏にある推進力である。

⑦スピードを求める

七番目の特性は、性急なことである。誰もが遅いより早いのを好む。もしあなたに一〇〇ドルをあげるとして、あなたはそれが今日か一年後かどちらがいいか？　普通の人なら、今日がいいと言うだろう。これは単に人間性である。
なぜか？　人は自分の人生が大事であり、その人生は時間でできているからだ。報いや利益が早く手に入れられるなら、とりわけ未来は不確定だから、常に早く手に入れたいはずだ。明日、何が起こるかわからないのだから。

人間性をつくり個々人の行動を決定づける重要な特性をまとめてみよう。普通の人は、怠惰で、貪欲で、自己中心で、野心的で、無知で、うぬぼれ屋で、せっかちである。これがまさに人間性の中身なのだ！　しかし、これら自体は何ら悪いことはない。人生の事実であり、人類共通のものである。

だから、普通の人はご都合主義なのだ。普通の人はたえず自分のほしいものをより早く簡単に手に入れる方法を追い求め、次にどうなるか、どういう結果になるかをほとんど考えない。

それを抑えるのは、自己鍛錬と自制心だけである。基本的な徳行、とりわけ自己鍛錬を行い、適切なことを行うことを意識しつづけるしかないが、ご都合主義に流される傾向は常にあるのだ。

成功する人はこう考える

高潔な美徳をたゆまず行うことによってのみ、自己鍛錬ができ、品性がそなわり、素晴らしい評判が得られる。

①自分に正直であれ

第一に、正直は中心的な美徳で、ほかのすべての美徳を保証するものである。あなたがどの程度正直かで、あなたがよしとする美徳にしたがって生きているかどうかが決まる。

②自分の責任を引き受けよ

成功する人々の二番目の重要な美徳は、責任感である。自分に全面的に責任を取るということは、自分が自身の人生における第一の創造的な力であることを認めるということだ。これまでの自分自身の考えと行動によって、現在の自分があるのだ。

責任を取るようになると、あなたは自分の問題を他人のせいにはしなくなる。失敗の言い訳をしなくなり、それがあなたを成長させる。グチを言ったり弁明したりもしなくなる。

全面的に自分の人生を引き受け、自分自身に対してだけでなく、自分を尊敬してくれる人々やあなたにゆだねられている人々すべてに対する責任を引き受ける。

③思いやりをもて

三番目の美徳は、思いやりで、これは人間の特性のなかでも非常に優れたものである。すべての美徳と同様、思いやりも行動で示される。他人を非難するより、相手の身になって考えようとすることで、あなたはもっと思いやり深くなる。

他人のことを考え、思いやりをもって行動すれば、あなたはより優れた人間になる。とりわけ不幸な人や不運な人に対し、いっそうがまん強く、寛大で、ものがわかり、同情心をもつようになる。

あなたはほしいものをいますぐ簡単に手に入れようとするのではなく、人生で苦闘している人々の立場に自分を置いてみる。そして、自分に言い聞かせるだろう。「神の恩寵がなければ、自分もああなっていただろう」

④どんなときでも親切であれ

四番目の美徳は、親切である。人は誰でも重荷を負っている。出会う人すべてに親切にし、優しい気持ちをもって一日を過ごせば、温かく心地よくしていられる。忘れないでほしい。人にどんなに親切にしたり公平に遇しても、しすぎることはない。

親切な人になる一番の報いは、いい気分になれることである。他人を批評したり責めたりしないで、いつも思いやりをもち親切になれば、あなたはより立派な人間になる。精神的に向上し、きわめて健全なやり方で人格を育むことになる。

⑤友だちであれ

五番目の美徳は、友情である。友だちをつくるには、当然ながらまず自分が相手にとって友だちにならなければならない。

デール・カーネギーは、親しい人間関係をつくる最善の方法は相手に興味をもつことだと書いている。内気や自信のなさを克服するには、相手にこんな質問をすることだ。「どんなお仕事をしておられるのですか？」「どのようにしてそのお仕事をするようになったのですか？」「調子はどうですか？」

こういう率直な質問をしたら、相手の答えに静かに、興味をもって耳を傾けよう。口を差し挟んだりしてはいけない。うなずき、微笑み、注意を向けよう。

自分のことを忘れ、相手に注意を集中すればするほど、気分がよくなり、相手もあなたのことをよく思うようになるだろう。いい気分は自信になる。相手がいい気分になることを言ったりしたりするほど、そうした言動が身につく。

⑥強さ

六番目の美徳は優しさで、とりわけ自分にとって大事な人の場合にそうである。実は、強くなければ優しくはなれない。人の気持ちを踏みにじる人や無神経な人は、たいてい弱く、不誠実である。そういう人は自分に自信がない。自分が力不足だと感じ、不安に思っているのだ。

偉大な人は、誰よりも親切で優しいことが多い。あなたが優しく、がまん強く、寛大で、親切で、思いやりをもつなら、内面的に優れた人間になれるだろう。人にいっそうよい影響を与え、ますます称賛され、尊敬されるだろう。配偶者や子ども、友人、従業員にこのように接すれば、驚くほどの影響を及ぼすだろう。

心の平安を保てばチャンスがやってくる

人生でもっとも望ましいのは、心の平安である。何ごとであれ、これを一番に考えて決めるべきである。人間としていかによくやっているかをよく示すものでもある。あなたが心の平安を主な目標とし、それを中心に生活を築けば、まず間違いはないだろう。

心の平安が得られるのは、あなたが知っているもっとも価値のあるものと美徳にしたがって生きるときだけである。自分にも他人にも真に誠意を尽くしていると自覚するとき、平安が自然にもたらされる。

あなたの知っている最善のものにしたがって生きるなら、多くの人が一生の間になす以上の向上を二、三年でなすことができるようにしてくれる人やチャンスを得ることができるだろう。そして、みんなはあなたを幸運だと言うだろう。

未来をつくるために、いますぐできること

1. 自分を本当に幸せにしてくれるものを見きわめ、それにもとづいて生活と仕事を組み立てよう。あなたのためにそれができるのは、あなた自身しかいない。

2. あなたがもっとも尊敬する人々と、もっとも尊敬してほしいと思う人々をリストアップしよう。彼らの尊敬を勝ち得るには、どんな言動をとればいいだろう？
3. 言動のすべてにおいて自分に忠実にふるまおう。いつでも人に誠実にふるまおう。
4. 自分自身の人格の向上に努めよう。自分が賛美し、身につけたいと思う美徳を見きわめよう。必要とされるときはいつでもどこでも、それを実践しよう。
5. 目標を達成したり責務をやりとげたりするのに安易な方法を求めようとしてはいけない。ねばり強く、一つずつをきちんとやろう。
6. 寛大さや忍耐強さ、親切、誠実など、高潔な美徳を誰に対しても実践しよう。まずは家庭から。
7. 自制心は重要な性質であり、金持ちへのマスターキーである。生活のあらゆる面で実践しよう。とりわけ、そうしたくないときに。

原則

13

Fortune Favors the Brave
Courage is rightly considered the
foremost of the vitrues,for upon it all others depend.
Winston Churchill

あえて恐れていることをやれ

勇気はまさしく
もっとも重要な美徳と考えられている。
ほかのあらゆる美徳もそれしだいだからだ
ウィンストン・チャーチル

新しい習慣をつけよ

何であれ繰り返し行えば新しい習慣になる。もし恐怖に立ち向かい、恐れていることを行い、困難な状況でも恐れをいだいていないかのようにふるまう習慣をつければ、恐怖は小さくなり、勇気は増大する。まもなく、何ごとも恐れないようになる。

勇気をわき起こすエクササイズがある。あなたの夢のリストをつくり、それぞれの夢や目標について不安を打ち砕く方策を用いるのだ。

あなたの望むことすべてをページの左側に記す。ページの中央に縦線を引く。右側の欄に、目標達成に向けてすぐに行動を起こさなければどうなるか、最悪のことを書き出す。たいていの場合、最悪の結果はたいして深刻なものにはならない。あなたはどうしてしり込みしてきたのか不思議に思うだろう。

それから、目標達成のためにすぐに何かしようと決心しよう。第一歩を踏み出すことこそが、自信を高め、どんどん次の段階へと進む気にさせるのだ。カギは第一歩を踏み出すことである。

自分を奮い立たせる三つのステップ

世界有数の富豪になったジョン・ポール・ゲティは、成功の秘訣を聞かれてこう言っている。「第一に、どんなビジネス状況になりそうだと思っても、起こりうる最悪のことをはっきりさせることだ。第二に、絶対にそうした事態が起こらないようにすることだ!」ひとたび起こりうる最悪のことをはっきりさせれば、不安や心配は消え去る。心が平静になる。そして、成功に向けて活力と情熱をつぎ込むことができる。

①前進あるのみ

何年か前、私が空手を習っていたとき、世界でも指折りの空手師範から重要な技術を教わった。もし私が半インチでも前に出れば、相手は距離を保つために後ずさりをするというのだ。私は前に出ると、全エネルギーと注意力を前方に集中した。しかし、相手は後ずさりすると、後方とマットの縁を気にしてエネルギーが半分方そがれた。

私は数々の全国的な競技会で優勝することができたが、それは強敵が相手でも前に出ていったからだ。前に出ることで私は心理的に優位に立ち、事態が一変したのである。

全エネルギーを前面に集中することで、決定的な優位に立つことができる。それが成否を決するのだ。

②成功した自分をいつもイメージせよ

勇気を奮い起こすのにとてもいいのは、目標が達成できたあかつきに手にすることができる見返りや利益を思い起こすことだ。それを書き出そう。たえずそれを念頭におこう。見返りや利益が多いほどモチベーションが上がる。いっそう力とエネルギーがわいてくる。頭脳は一時に一つのことしか考えることができないのだから、成功の見返りを念頭においていれば、失敗のマイナスを考えないですむ。

自分の望みを思い描けば描くほど、モチベーションが上がる。心が決まっているほど、勇気がわいてくる。ついには何も不安のない心境にいたるだろう。そして目標の追求に邁進するようになるだろう。

③進んで必要なことをせよ

きわめて重要な幸運の要素は、意欲である。目標達成に必要なことは何でもしようという決意である。

もちろん合法で道理に合ったものでなければならないが、必要なことを何でもしようとすることで、目標達成の可能性がぐんと高まる。

多くの人は、目標を設けるとその達成のために必要なことはほとんどすべてをしようとする。だが、これは十分ではない。必要であればどんな代償でも払い、どんな遠くまででも出かけ、どんな犠牲でも払うほど、目標に執着しなければならない。

あなたが目標を達成するためには、どのくらいの代償を払わなければならないか？ 大成功するためには、さらにどのくらいの努力をし犠牲を払わなければならないか？ ほとんどの人はこういうことを考えていない。成功への道に踏み出せば、すぐに犠牲を払わされることがわかるだろう。そこで引き返し、夢をあきらめる。本当に十分な犠牲を払うつもりはないのだ。そうなってはいけない。

億万長者になれるゴールデン・クエスチョン

失敗を成功に変えるのに効果がある問いが二つある。私はこの二つの問いを「ゴールデン・クエスチョン」と呼ぶ。自力で億万長者になったある人物から学んだことだが、私はこれを多くの人に教え、そのおかげで自力で億万長者になった人が数多くいる。

あなたが自問すべき第一の問いは、「私がやったことで適切だったのは何だろう？」。その状況であなたが適切に行ったことをすべて綿密に分析するのだ。たとえ悲惨な状況でも、何かしらある価値があったことがあるはずだ。

それから、こう自問する。「もしまたこうした状況になったら、そのときはどうするだろう？」。起きてしまったことより、次回はどんなことができるかを考えるわけだ。

この問いによって、あなたはどんな状況からでも最大限の価値を引き出すことができるようになる。あなたの心を未来志向に保つことができるし、より早く学び、成長することができる。

最後に成功すればいい

私の好きな言葉に、ナイキのフィル・ナイトの言ったものがある。「最後に成功すればいいのだ」

素晴らしい見識だ！　何度も失敗するかもしれないが、必要なのはその失敗をすべて帳消しにする一つの大成功である。歴史上の偉大な成功者たちも、その多くは大失敗者でもあるのだから。

近代最高の発明家、トーマス・エジソンも大失敗者だった。彼はいろいろな製品をつくり出すのに二〇世紀のどの発明家よりもたくさん実験をし失敗している。

しかし、エジソンは発明の作業にとりかかるとき常に、正しい解答は時間の問題にすぎないという信念をもっていた。彼がしなければならなかったのは、役に立つやり方が一つになるまで、役に立たないやり方をすべて排除することだけだった。

エジソンは実験の結果をすべて細かく記録した。それぞれの実験から教訓を引き出し、次の実験に応用した。彼はよく考え、きちょうめんだった。一回目に学びそこねて同じ間違いをするようなことはなかった。

たいていの人は、ほかの人々があきらめるところから一歩で大成功をおさめる。たえず思い起こそう、成功の一歩手前にいるかもしれないということを。こんな詩を覚えておくといい。

歩みはのろいように見えても、あきらめてはならない、
あと一撃で成功するかもしれない。
そして、どこまで近づいているかは決してわからない、
はるか遠くに思えても、すぐ近くかもしれない。

しかしながら、忍耐と頑固は違う。忍耐は、どうしても出てくる障害や困難にもめげず明確な目標に向かって前進していくこと。あなたは常に好機を逃さぬよう油断なくやる。どこへ向かっているか承知している。だが、やり直して、そこへ到達するためのさまざまな方法を進んで試してみる。あなたはあきらめない。

頑固は、そうではない。危険を無視して行動する。明らかに役立たないものを役立てようとする。あなたが間違っている証拠は圧倒的である。あなたは単に自分と状況に対し現実的でないか正直でないだけだ。目標に取り組んでいるとき、忍耐と頑固の違いを心していなければならない。あなたを前進させるのは忍耐であって頑固ではないのだ。

成功も幸運もそれなりの根拠があるものである。どちらも偶然に起こるものではない。あなたの目標は、自然の法則が自分のために働くようにすることだ。あなたの目的は、あなたの勝利の可能性を高めるためにできることすべてをすることでなければならない。勇気と忍耐力を伸ばすために日々努めなければならないが、そうすることで素晴らしい未来をつくり出すことができるだろう。

未来をつくるために、いますぐできること

1. 恐怖や不安を感じたときにはいつもそれに立ち向かい、乗り越え、勇気を奮い起こす習慣をつけよう。
2. 目標に対し脇目もふらず取り組み、決してあきらめないと決心しよう。
3. 自分の語彙から「私には無理だ」の文句を消し去り、無力感の束縛を解こう。そして、「私はできる! できるんだ!」とたえず自分に言い聞かせよう。
4. 起こりうる最悪のことを批判的に検討し、そうなったらそれを受け入れ、そうならないように努めることを決意しよう。
5. 目標を達成するまでくじけないと決意し、くじけない人になろう。自分自身以外、何ものも自分をくじけさせることはできないことを忘れてはいけない。
6. 「私が行ったことで適切だったのは何か?」「次回はどのようにすればいいか?」と自問することで、失敗を成功に変えよう。
7. どんなことが起ころうと、自分を後押ししてくれる詩や名言を心に、勇気をもってふるまい、くじけずねばり強くやろうと気持ちを奮い立たせよう。

まとめ●素晴らしい人生にするために

あなたに成功をもたらす原理をまとめておこう。

原則1　成功者と同じようにふるまえ

成功者と同じようにやれば、必ずあなたもいずれは同じ成果をあげることができる。それ以外に有効なものはない。

原則2　望むことだけを考えろ

自分の精神を完全にコントロールし、精神のさまざまな力を働かせて、人生で望むものを引き寄せよう。

原則3　「夢のリスト」をつくれ！

あなたが達成したいこと、あなたがなりたい人物像を徹底して明確にしなければならない。

原則4　読書で知識を蓄えろ

あなたの分野の達人になるために必要な知識をすべて身につけよう。たえずものを読み、オーディオ・プログラムを聴き、セミナーや講座にせっせと通い、ライバルに先んじつづけよう。

原則5　苦手なスキルを強化せよ

自分の仕事に申し分なく優秀になるぞといますぐ決心しよう。スキルを向上させ、あなたの分野で上位一〇パーセントの仲間入りするぞと決意しよう。これは何にもましてあなたに役立つはずだ。

原則6　人に好かれると成功に近づく

徹底してポジティブになろう。そうすれば人々はあなたに好意をもち、身近にいたいと思い、手助けしてくれるだろう。望むことだけを考え、話すようにし、望まないことは考えたり話したりしてはいけない。

原則7　人のためになることをせよ

人脈を広げ、人生のそれぞれの面で重要な人間関係を向上させる計画を立てよう。あなたを知り好意をもつ人が多いほど、多くの扉が開かれる。

原則8　収入の一割を貯蓄せよ

貯金の習慣をつけよう。収入の一パーセントから始め、一〇パーセント、二〇パーセント、三〇パーセントと増やしていく。貯金をもっている人はそうでない人よりチャンスも幸運も多く引き寄せる。

原則9　「超意識」を使え！

より早く、よりよく、より安価に成果をあげる方法を探すことで、あなたの生来の創造性を解き放とう。あなたの精神の途方もない力を発揮すれば、解決できない問題はなく、達成できない目標はない。

原則10　もっとも重要なことから始めよ

あなたの仕事や活動のすべてで最大限の成果をあげることに一心に専念しよう。日々、常に最優先事項に的をしぼり、時間のもっとも有益な使い方をしよう。

原則11　チャンスを引き寄せろ！

行動志向の習慣をつけよう。これは成功する人々に不可欠の特性だ。行動を起こし、仕事に着手し、素早く動こう。緊迫感をもとう。目標に向かってたえず前進しつづけよう。

原則12　正直者になれ

どこまでも善良な人間になろう。あなたがもっとも称賛し尊重する性質を養い、内面の優れた人間になればなるほど、外面の人生はよいものになる。

原則13　あえて恐れていることをやれ

第一歩を踏み出し、前進しつづける勇気をもとう。決してあきらめないと決心しよう。

これらの原則を実践すれば、あなたはポジティブで、未来志向で、エネルギッシュで、好ましく、有能な、熟達した、知的な、楽観的な人間になるだろう。人生のあらゆる面で幸運な出来事が起こりだし、目標をことごとく達成できるだろう。

人があなたは幸運だと言ったら、慎ましやかに微笑んでそのとおりだと答えてもいい。だが、あなたは知っている。幸運などではない。すべてあなた自身がなしとげたのだ！

訳者あとがき

『「夢のリスト」で思いどおりの未来をつくる！』というタイトルどおり、未来は自分の選択と決断しだいだと著者は説く。実際、著者自身が高校中退で路上生活者に近い暮らしから身を起こし、国際的に活躍するという大成功をおさめているだけに、その経験に裏打ちされたノウハウには説得力がある。

しかも、わかりやすい。自分が望むような未来をつくるための手順が、具体的に順を追って述べられているのだ。成功者をうらやむだけで、自分では何もしないでテレビの前に座り込んでいるだけでは、バスの走っていない通りでバスを待っているようなもの。とにかく行動を起こせ、と著者は言うが、具体的な手法を読んでいると、言われなくてもアクションを起こしたくなる。簡単だし、うまくいきそうという気になる。

例えば、自分が理想とする未来図を描き、目標を書き出すことでどんどん目標達成に近づくということ。目標をはっきりすると、それが後押ししてくれるのだ。また、常日頃自分の望むことを考えたり言ったりしていると、やがてそれが現実になるということ。あるいは、人を助けると人が助けてくれるし、そうしたよい人間関係が自然と好ましい人々やアイデアやチャンスや資源を引き寄せるということ。なんでも解決してくれる「超意識」というものがあることなどなど、いずれもそのメカニズムが明らかにされていて、深くうなずかされる。

もちろん、実際はそううまくいくとはかぎらないだろう。しかし、それでもやってみようという意欲をわきたたせるものがある。何か明るいのだ。たぶんそれは、成功への努力が「苦行」ではなく、「挑戦」であり、心を浮きたたせるものだと捉えられているからだろう。それに、諦めずに進みつづければ必ず道は拓かれるという著者の強い確信があるからだろう。読者の方々もきっと本書から勇気を得ることができると思う。

二〇〇五年七月

門田美鈴

［著者］
ブライアン・トレーシー（Brian Tracy）
カリフォルニアを拠点に活躍するプロのスピーカー、トレーナー、コンサルタント。彼自身、自力で道を拓いた億万長者である。
高校を中退後、数年間の肉体労働を経てセールスマンの職を得、ビジネス界でその才能を発揮。自分なりのアイデア、方法、テクニックを生かし、大開発会社の重役まで上りつめる。30代で大学に入学し、経営学修士を取得。22の会社と業界で働いた経験をもとに、自己の成功の秘訣を伝授するセミナーを世界中で開催している。
著書に『カエルを食べてしまえ！』『こうなったら無敵の営業マンになってやる！』（以上、ダイヤモンド社）、『頭がいい人、悪い人の仕事術』（アスコム）ほかがある。
著書、ビデオ、テープなどは20カ国語に翻訳され、38カ国で親しまれている。

［訳者］
門田美鈴（かどた・みすず）
翻訳家、フリーライター。訳書に『チーズはどこへ消えた？』『人生の贈り物—あなたの探し物は何ですか？』（以上、扶桑社）、『カエルを食べてしまえ！』『こうなったら無敵の営業マンになってやる！』『１分間意思決定』（以上、ダイヤモンド社）他がある。

「夢のリスト」で思いどおりの未来をつくる！

2005年 7月14日　第1刷発行

著　者——ブライアン・トレーシー
訳　者——門田美鈴
発行所——ダイヤモンド社
〒150-8409　東京都渋谷区神宮前6-12-17
http://www.diamond.co.jp/
電話／03·5778·7236（編集）　03·5778·7240（販売）
装丁———中井辰也
本文レイアウト—タイプフェイス
製作進行——ダイヤモンド・グラフィック社
印刷・製本—ベクトル印刷
編集担当——古川弘子

ISBN 4-478-73313-9